comunicação
espírita

Solicite nosso catálogo completo, com mais de 350 títulos, onde você encontra as melhores opções do bom livro espírita: literatura infantojuvenil, contos, obras biográficas e de autoajuda, mensagens espirituais, romances, estudos doutrinários, obras básicas de Allan Kardec, e mais os esclarecedores cursos e estudos para aplicação no centro espírita – iniciação, mediunidade, reuniões mediúnicas, oratória, desobsessão, fluidos e passes.

E caso não encontre os nossos livros na livraria de sua preferência, solicite o endereço de nosso distribuidor mais próximo de você.

Edição e distribuição

EDITORA EME
Caixa Postal 1820 – CEP 13360-000 – Capivari-SP
Telefones: (19) 3491-7000 | 3491-5449
Vivo (19) 99983-2575 | Claro (19) 99317-2800 | Tim (19) 98335-4094
vendas@editoraeme.com.br – www.editoraeme.com.br

THEREZINHA RADETIC

comunicação
espírita

Capivari-SP
– 2016 –

© 2016 Therezinha Radetic

Os direitos autorais desta obra foram cedidos pela autora para a Editora EME, o que propicia a venda dos livros com preços mais acessíveis e a manutenção de campanhas com preços especiais a Clubes do Livro de todo o Brasil.

A Editora EME mantém, ainda, o Centro Espírita "Mensagem de Esperança" e patrocina, junto com outras empresas, a Central de Educação e Atendimento da Criança (Casa da Criança), em Capivari-SP.

2ª reimpressão – agosto/2016 – de 1.501 a 2.000 exemplares

CAPA | André Stenico
DIAGRAMAÇÃO | Vinicius Giacomini Pinto
REVISÃO | Lídia R. M. Bonilha Curi | Daniela Rocha

Ficha catalográfica

Radetic, Therezinha, 1928
   Comunicação Espírita , Therezinha Radetic – 2ª reimp. ago.
2016 – Capivari, SP : Editora EME.
   160 p.

   1ª edição : abr. 2009
   ISBN 978-85-7353-415-3

1. Oratória Espírita. 2. Espiritismo - Comunicação Espírita.
                                                    CDD 133.9

Sumário

Dedicatória 9
Prefácio 11
Explicando 13
Oração no templo espírita 17
Visitando Chico Xavier 19
Introdução 21
I. Conceito de oratória e histórico 23
  – Um conceito de oratória 23
II. Comunicação 27
  – Elementos da comunicação 28
III. O orador nasce feito? 33
IV. Tipos de expositores 35
V. A importância da palavra espírita 37
VI. O expositor espírita 41
  – Como se preparar para a tribuna 41
VII. Atributos de um bom expositor 43
  – Conhecimento doutrinário 43
  – A conduta moral 44
VIII. Passos para a elaboração da exposição 47
  – Escolha do tema 47
  – Ver a quem se destina 47
  – Consultar a bibliografia 48
  – Estudar o tema 49
  – Formular a ideia principal (ideia-mãe) 51

- Esboçar e escrever a palestra 52
- Observar o tempo disponível 53
IX. Estrutura da exposição 55
- Introdução 55
- Desenvolvimento 56
- Conclusão 59
X. A mediunidade na exposição 61
- A improvisação na exposição 61
- A mediunidade na exposição 62
XI. Perante o público...................................65
- O medo do público 65
- O público dos centros espíritas 66
XII. O ato de ouvir – atributos do som.........69
XIII. A voz do expositor 73
- Laringe e pregas vocais 74
- Pregas Vocais 75
- Postura 75
- Relaxamento..76
- Respiração..77
- Pulmão 78
- Pausas..80
- Aquecimento vocal.................................82
- Ressonância 84
- Projeção da voz......................................85
- Entonação 86
- Ênfase 90
- Articulação 92
- Ritmo 94
XIV. Linguagem corporal 99
- Gesto - olhar 99
XV. O uso do microfone..............................101

XVI. Normas de higiene vocal 103
 – O fumo 103
 – A poluição 104
 – Alimentação 105
 – Falta de repouso da voz 106
 – Vestuário incorreto 106
 – Esporte 107
 – Ar condicionado 108
 – Hidratação 108
 – Alergias 109
 – Refluxo Gastroesofágico 110
 – Medicamentos 110
XVII. Perfil de comportamento vocal 111
 – Lista de situações de abuso e mau uso vocal 112
 – Classificação do comportamento vocal 114
XVIII. Atenção aos problemas da voz 117
XIX. A biblioteca do expositor 121
 – Livros doutrinários 121
 – Leituras paralelas 123
 – Conhecimento da língua pátria 124
XX. Recursos audiovisuais 127
XXI. A contribuição da poesia na
                  exposição espírita 131
 – Poesia x doutrina 132
XXII. A contribuição da música na
                  exposição espírita 137
XXIII. Recomendações gerais aos expositores 145
XIV. Auto-avaliação do expositor 147
XXV. Providências necessárias para
                  o aperfeiçoamento dos expositores 151
Informações sobre a autora 153
Bibliografia 157

DEDICATÓRIA

Este livro visa reverenciar a figura muito querida do nosso médium Francisco Cândido Xavier, em cujas obras, tanto nas em prosa como nas de poesia, sempre buscamos inspiração para o nosso trabalho de exposição. Recordando o seu vulto — marco espiritual na história do espiritismo do Brasil — inserimos neste livro sua fotografia que nos foi enviada em 1949 com carinhosa dedicatória.

Pedro Leopoldo, 17 de maio de 1949.
À querida Irmã Therezinha, a quem estimo e admiro muito, envio esta lembrança, pedindo-lhe um retratinho dos seus.

Afetuosamente,

Chico Xavier

PREFÁCIO

Duplo foi o motivo que me levou a aceitar o convite de prefaciar este livro: o primeiro e de menor importância é que, dentre as atividades que tenho desenvolvido junto ao movimento espírita, está a de realizar treinamentos para expositores; o segundo é a amizade que surgiu na década de 80 entre eu e a autora — Therezinha Radetic.

Durante um seminário espírita sobre educação, promovido pelo Departamento de Educação da antiga União das Sociedades Espíritas do Estado do Rio de Janeiro, fiz em público um convite para novos colaboradores para o DEDUC (Departamento de Educação) e, ao final, Therezinha se apresentou como voluntária. A partir daí foram longos anos de trabalho em prol da educação.

Professora, fonoaudióloga, poetisa e musicista, entre outras tantas aptidões, Therezinha Radetic é uma dessas pessoas que consegue administrar o seu tempo, dedicando-se a uma gama de atividades dentro e fora das lides espiritistas.

Como prova disso, apresenta-nos mais uma de suas composições, agora na área da exposição doutrinária, fruto de suas pesquisas e experiências.

Nesta época de busca de qualidade total, há necessidade do tarefeiro espírita ou de qualquer religião estarem mais capacitados. Especificamente em relação ao expositor espírita essa capacitação vai ser de vital importância, para que, segundo resposta dos espíritos à questão 798 de *O Livro dos Espíritos*, o espiritismo se torne crença geral e marque uma nova era para a Humanidade.

Seguindo a recomendação de Jesus de "sede perfeitos como perfeito é o vosso Pai celestial", este livro será precioso instrumento para tantos que abraçaram ou abraçarão a tarefa de divulgar a doutrina espírita através da palavra.

Como afirma na introdução, a autora ousa "acrescentar alguma coisa a mais que possa servir de suporte a muitos expositores espíritas", e como é musicista, o faz com maestria e simplicidade, tornando o livro de leitura fácil e agradável.

Queremos, por fim, ressaltar o capítulo XIII, com um estudo detalhado sobre o uso adequado da voz e os XXI e XXII, que tratam da contribuição da poesia e da música como instrumentos pedagógicos na exposição espírita.

Com o livro *Comunicação Espírita*, a literatura espiritista, nesta área estará mais enriquecida e os expositores terão em suas mãos um ótimo instrumento de estudo.

Lydienio Barreto de Menezes*

Lydienio Barreto de Menezes é militante no Movimento Espírita de Nilópolis (RJ) desde sua mocidade, ex-diretor da USEERJ, tendo dirigido o seu Departamento de Educação por duas décadas.

É professor aposentado, poeta e escritor, com vários livros publicados.

EXPLICANDO

O conteúdo do livro ora ofertado aos corações amigos foi realizado sob inspiração de mais alto, condicionada às nossas naturais imperfeições.

Discorre sobre o uso de técnicas que possam, dentro do possível, colaborar junto às casas espíritas na divulgação de seus postulados, com especial ênfase, na *Comunicação Espírita*.

Diante destas singelas anotações como disse Divaldo Franco em *Diálogo com Dirigentes e Trabalhadores Espíritas*: "podemos nos utilizar dos métodos da tecnologia contemporânea, das grandes contribuições da informática, principalmente na área da comunicação, para divulgar a doutrina espírita. Devemos arrebentar as amarras com o passado tímido, com as preocupações excessivamente místicas, com o excesso de pudor, que não leva a coisa nenhuma, para projetar a doutrina, o quanto possível no mundo, a fim de que ela preencha sua finalidade, que foi também prevista pelo Codificador, preservando a função do Espiritismo, no mundo, que é o da renovação social."

E mais adiante: "devemos alicerçar as nossas atividades na casa espírita dentro de uma visão atual, recorrendo ao know-how das grandes empresas, sem nos transformarmos em uma empresa competitiva, trazendo pessoas equipadas de conhecimento que possa ser aplicado em nossa Casa, para o melhor desempenho das nossas atividades, sempre preservando a pureza dos objetivos do nosso trabalho. A doutrina espírita objetiva, sobretudo, o homem como o maior investimento da Divindade no mundo.

Portanto, dizemos nós, não é possível que medre no seio dos centros espíritas o personalismo contundente, a vaidade presunçosa, o autoritarismo improdutivo. Urge não esquecermos dos ensinamentos deixados por Kardec".

Leiamos o que nos diz o espírito de Filodemus na psicografia realizada em 30 de março de 2006 no Centro Espírita Ibirajara pelo médium Carlos Augusto Souza:

"Meus amigos,

Que as falanges do bem nos envolvam no seu amor.

Dentre os estudos que nos são permitidos intensificar, junto aos irmãos, abordamos aqueles referentes ao centro espírita.

Allan Kardec em abril de 1858, fundou o Centro Parisiense de Estudos Espíritas, para dispor na sua regulamentação que a finalidade precípua era:

- O estudo das manifestações relativas à moral;
- A história;
- A psicologia da sociedade.

Com o despertar da doutrina nos corações dos

aprendizes, incorporou logo após, uma alteração substancial para conciliar os interesses dos aprendizes aos fundamentos doutrinários.

Esta alteração regulamentaria uma cautela necessária, ante às aspirações que se enraizavam, evitando que a popularização das ideias, viesse desnaturar a fidelidade doutrinária. Inúmeras foram as benesses alcançadas, sendo mesmo de se destacar a intervenção de entidades venerandas às reuniões, palestras, sob inspiração de mais alto.

O Centro então criado, se tornou um paradigma, uma outorga aos aprendizes pela autenticidade e comportamento no trato com a doutrina espírita.

As casas espíritas atuais, ante o desenvolvimento que lhes é próprio, encontram, assim, uma base de serviços e tarefas, à luz da doutrina.

Célula de vital importância que é do Espiritismo transforma-se em unidade laboriosa, ou seja, o evangelho em ação, amor em livre exercício.

Possuem, portanto, os centros espíritas várias vertentes que os dignificam:

• É escola educativa onde os aprendizes estudam e buscam exemplificar as lições da fraternidade no trato da ética-moral, entre os irmãos encarnados e desencarnados. É um elo interexistencial com atuação nos dois planos: o material e o espiritual.

• É oficina de trabalho onde se valorizam as horas junto aos irmãos e à comunidade.

• É templo de oração. Não nos templos dos iniciáticos, dos esotéricos. Mas sim no templo do espírito, no seu reino interior, onde a oração é desconstituída de ritualismos. É o espírito vibrando na sua simplicidade.

• É o coração fluindo os sentimentos mais nobres. É a mente fulgurando nas suas mais belas florações.

• Igualmente é hospital onde se disseminam as terapias da alma, tais como os passes, a água energizada, onde são tratados os processos obsessivos. O centro espírita há de se estar consolidado na doutrina dos espíritos, em bases pétreas, inamovíveis.

Atualizá-lo, sim, respeitando os critérios instituídos de forma que a perturbação externa, os problemas correlatos ao momento que a humanidade atravessa, sejam devidamente analisados e estudados, mediante a codificação kardequiana.

Busquemos, assim, adaptar nosso comportamento pelas normas da discrição, da disciplina, atentos à mensagem educativa de Jesus, sempre pronto a nos receber com amor, com clemência. Graças a Deus".

Do amigo,
Filodemus.

Agradeçamos, portanto, a Deus pela dádiva da doutrina e oremos na abertura deste livro com Maria Dolores.

ORAÇÃO NO TEMPLO ESPÍRITA

Senhor!
Deixa que eu te agradeça novamente
As dádivas de amor
Que me fazes aqui...
Devo, Senhor, a ti
A graça da atenção
E os nobres pensamentos
Dos amigos queridos que me escutam,
Ofertando-me o próprio coração
Nos ouvidos atentos.
É por eles, Jesus, na alavanca da estima,
Que aspiro a caminhar, montanha acima,
Sonhando a evolução,
Com que te possa ver, em toda parte,
No anseio de encontrar-te!...
Agradeço-te, ainda,
De espírito contente,
Este recinto amigo, doce e claro,
Em cujo seio a dor de tanta gente
Encontra proteção, alívio, amparo...
Sobretudo, agradeço

Toda mão que te serve nesta casa
E toda voz que ensina
A celeste grandeza da doutrina
Em que a tua palavra descortina,
Ante os filhos da Terra,
O Reino do Amor Puro,
Por meta luminosa do futuro.
Agradeço-te, mais,
O teto generoso,
A luz que me ilumina,
O lápis que me atende,
O perfume de amor que se desprende
Da mesa que me acolhe,
O exemplo dos que sofrem
Sem qualquer rebeldia
E a fé dos que buscam, dia a dia,
Doando aqui bondade e entendimento,
Apagando em teu nome
Toda marca de sombra ou sofrimento.
Por todos os tesouros que nos dás,
Neste pouso de paz
Que fulgura ao clarão da esperança bendita,
Tesouros de alegria, vida e luz,
Deixa que eu te repita:
— Obrigada, Jesus!...

Maria Dolores

VISITANDO CHICO XAVIER

Vim me banhar no eflúvio de bondade
que no teu coração se faz essência;
quero aprender contigo a caridade
que espalhas a mãos cheias na existência.

Teu mandato nos prova que há verdade
em tuas mãos, tão plenas de clemência;
que a vida além da morte é claridade
brilhando na sublime quintessência.

Beijo-te a face quase como um sonho!
Neste pequeno verso que componho
deixo-te o coração, minha ternura.

Amenizando a dor, a desventura
que o mundo sofre sem poder contê-las
tu brilharás, um dia, entre as estrelas!

Therezinha Radetic

Este soneto foi escrito quando de uma visita nossa
ao querido médium.

INTRODUÇÃO

Temos acompanhado, com grande entusiasmo, através destes anos de trabalho na casa espírita e durante as visitas e palestras proferidas nos demais centros espíritas, o progresso realizado pelos expositores da nossa doutrina consoladora e esclarecedora.

Muitas obras surgiram sobre o assunto mostrando-nos, cada vez mais, a necessidade de aperfeiçoamento nas diversas áreas de atuação doutrinária. Não mais apenas a boa vontade servindo de suporte às nossas realizações. Precisamos qualificar o nosso trabalho, aperfeiçoando as nossas técnicas, utilizando as novas possibilidades que surgem junto aos estudiosos das diversas manifestações do pensamento humano.

Urge unificarmos os conhecimentos adquiridos na aplicação dos princípios básicos transmitidos através da maravilhosa obra kardequiana. Baseados nas informações colhidas nas bibliografias encontradas sobre o assunto em livros escritos por valorosos companheiros de ideal, ousamos acrescentar alguma coisa a mais que possa servir de suporte a muitos expositores espíritas que se esforçam na transmissão de princípios cristãos, filosóficos e científicos da nossa doutrina.

O aprendizado dessa antiga arte – a oratória – é hoje ajudada por recursos técnicos que facilitam a sua prática. Microfones modernos dispensam que a voz dos oradores aumente de intensidade e, por outro lado, os aparelhos de videotape permitem a visualização dos treinamentos e nos dão a possibilidade de corrigir distorções de fala, da postura e da gesticulação. Naturalmente, que a maioria dos centros espíritas não dispõe destes equipamentos mais sofisticados, e neles o microfone é ainda o mais utilizado.

Esperamos o entendimento de alguns e a crítica proveitosa de muitos. Pensamos que, se a clareza desta pequena contribuição não for suficiente, que outros possam preencher a possível lacuna deixada por nós.

Agradecemos aos guias espirituais pelo apoio e incentivo a esta ideia que há muito nos acompanha. Lembramos as palavras de Albert Einstein quando se expressa: "Há duas formas para viver sua vida. Uma é acreditar que não existe milagre e outra é acreditar que todas as coisas são um milagre".

I

CONCEITO DE ORATÓRIA E HISTÓRICO

*Ninguém acende uma candeia para pô-la debaixo do
alqueire; põe-na, ao contrário, sobre o candeeiro, a fim de
que ilumine a todos os que estão em casa.*

Jesus (Mateus 5:15)

Para conceituar oratória recorremos ao trecho
escrito por Alves Mendes intitulado *Um Conceito de
Oratória, pág.* 19, de Reinaldo Polito, – *Como Falar
Corretamente e sem Inibições.*

UM CONCEITO DE ORATÓRIA

"A oratória é a mais típica e a mais gráfica ma-
nifestação da arte, porque é a arte da palavra — da
palavra que é a vestidura do pensamento, da palavra
que é a forma da ideia, da palavra que é nítida voz
da natureza e do espírito, da palavra que é tão leve
como o ar e tão irisada como a mariposa, da palavra

que é transparente como a gaze e tão sonora como o bronze, da palavra que cicia como a aura e troa como o canhão, que murmura como o arroio e ruge como a tormenta, que prende como o ímã e fulmina como o raio, que corta como a espada e contunde como a clava, que fotografa como o sol e acadinha como o fogo; da palavra que ostenta a majestade da arquitetura, o relevo da escultura, o matiz da pintura, a melodia da música, o ritmo da poesia, e que por seus rendilhados e riquezas, por suas graças e opulências, aclama a oratória, rainha das artes, e o orador — rei dos artistas!"

Alves Mendes

A arte da oratória teve seu nascimento na Sicília (ano V a.c.) através do siracusano Corax e o discípulo Tísias. Conta-se o fato que, quando Corax lhe cobrou as aulas ministradas, Tísias não quis pagá-las. Achava que sendo instruído pelo mestre conseguiria usar os seus recursos oratórios a fim de convencê-lo a não pagá-lo e, que se acaso não conseguisse, seria por não estar bem preparado.

Na Grécia, a oratória se desenvolveu com mais intensidade entre os sofistas que praticavam leituras em público, promovendo debates e comentários. Isócrates (436 a 338 a.C.) implantou a retórica nas escolas atenienses, embora não tivesse proferido um só discurso, pois tinha voz deficiente e pavor pela tribuna.

No século IV a.C., Anaxímes de Lâmpsaco classificou a retórica em gêneros: deliberativo, demonstrativo

COMUNICAÇÃO ESPÍRITA

e judiciário, classificação apresentada por Aristóteles. Considerado o maior filósofo da Antiguidade, Aristóteles penetrou com profundidade nas ciências naturais, na psicologia e na história da filosofia. Escreveu a *Arte Retórica* composta de três livros. Contudo, não foi orador, dedicando-se, apenas, ao estudo, sem proferir nenhum discurso.

Demóstenes foi outro grego que possuía o dom da palavra e que não se conformou com as suas dificuldades. Através do esforço e da dedicação, transformou-se no maior orador da Grécia, pois tinha uma grande qualidade: a determinação. Isolava-se num local onde ninguém o perturbasse para realizar seus exercícios e corrigia sua dicção com seixos que colocava na boca e com os quais procurava pronunciar, de forma mais concreta possível, as palavras. Como tinha o hábito vicioso de levantar os ombros enquanto falava, treinava em frente a um espelho, e, toda vez que fazia o movimento do ombro, era espetado por uma espada que lhe produzia muitos ferimentos. Acabou, transformando-se no maior orador da Grécia.

Os romanos foram influenciados pelos gregos, em todas as artes e ciências. Também na arte oratória isto sucedeu. Crasso, no século II a.c., censor da época, não gostava da retórica e decretou o fechamento das escolas que ensinavam a arte de falar. Mais tarde, as escolas foram reabertas.

Cícero, nascido no ano de 106 a.C., foi o maior orador romano. Escreveu *De Oratore*, obra em três livros, em forma de diálogo. Entretanto, apesar de todas as suas qualidades, era um homem sem caráter, arrogante, vaidoso e prepotente. Perseguido pelos asseclas de Marco Antonio, foi morto e degolado.

Merece especial referência Quintiliano, nascido na metade do primeiro século da nova era. Reuniu em *Instituições Oratórias* todo o conhecimento dos autores de sua época. Composta de doze livros, Quintiliano desenvolve a educação de orador, desde a infância. Depois de Quintiliano, poucas obras de importância apareceram.

Atualmente, o uso da palavra falada deixou de ser privilégio de advogados, políticos e religiosos, sendo também usado por executivos, empresários, técnicos e profissionais liberais, que precisam falar bem para melhor se comunicarem e não mais os adornos e a rigidez de técnicas empregadas. Hoje, o público pede fala mais natural e objetiva

"Em toda a parte, a palavra é índice de nossa posição evolutiva. Indispensável aprimorá-la, iluminá-la e enobrecê-la".

Emmanuel
Vinha de Luz (Psicografia de Chico Xavier)
capítulo 73.

II

COMUNICAÇÃO

Aquilo que não compreendemos
não nos pertence.

Goethe

O verbo comunicar significa tornar comum, dividir algo com alguém, informar, estabelecer uma ligação.

Para isto, deve existir um grupo de homens, ou mesmo animais, que desejam comunicar-se, dispondo de conhecimentos ou experiências comuns e uma convenção que permite a compreensão do que se quer transmitir. No homem, a escolha é determinada pela inteligência e, nos animais, é o instinto que estabelece as convenções.

Para nós, a comunicação é uma necessidade não do corpo e sim do espírito, como seres imortais que somos.

O homem primitivo se comunicava por meio de expressões faciais e dos gestos que expressavam suas alegrias ou sua irritação. Mais adiante, apareceram os grunhidos, sons guturais que variavam de acordo com as circunstâncias.

De repente, os seres passaram a ser nomeados pelas necessidades humanas e permaneceram na oralidade, até que veio a fase iconográfica e fizeram--se cópias dos elementos que impressionavam os grupos. Daí para frente, o processo deu origem ao vocabulário, às frases, ao registro escrito e impresso por meio da comunicação à distância e de massa. Hoje, todo o mundo se comunica. Primeiro os mensageiros, o correio, o telégrafo, o telefone, o rádio, o gravador, o cinema, o disco, os satélites, os videotapes e agora a Internet.

Mais adiante, nos comunicaremos pela telepatia, espírito a espírito, pensamento a pensamento, coração a coração, quando atingirmos a grande sublimação.

ELEMENTOS DA COMUNICAÇÃO

Examinemos como se processa a comunicação. Todo processo linguístico necessita de um remetente — aquele que envia a mensagem ao destinatário. A mensagem requer um contexto (verbal ou de possível verbalização), um código total ou parcialmente comum aos dois (codificador ou decodificador) e um contato (canal físico) e uma conexão fisiológica.

COMUNICAÇÃO ESPÍRITA 29

Cada um desses fatores vai dar uma diferente função da linguagem, embora não existam mensagens capazes de preencher uma só função; haverá sempre uma função predominante.

Quando o pendor é para o contexto, a função diz-se denotativa, referencial ou informativa — a transmissão de um saber, de um conteúdo. É o que fazemos nas exposições doutrinárias: a intenção é dar conhecimento dos postulados espíritas. Mas não fica só nesta função. Abrange também a função emotiva, centrada no remetente porque há uma expressão direta da atitude de quem fala em relação àquilo que está falando. Suscita uma certa emoção verdadeira ou simulada transmitindo conteúdos emotivos que pertencem ao remetente.

A função conativa orienta-se para o destinatário, influenciando o seu comportamento. Ex: pense bem no que digo! Kardec foi o grande missionário (vocativo ou imperativo).

Já a função fática se evidencia por uma troca de formas dialogadas cujo único propósito é prolongar a comunicação.

Verifica se o canal funciona, atraindo a atenção do interlocutor ou confirma a atenção continuada e estabelece o contato. É a função verbal primária: a das crianças e das aves. Algumas vezes acontece na exposição, mas nem sempre.

A função metalinguistica é a função do discurso quando focaliza o próprio código; enfatiza-se quando se pergunta o que não se entendeu e a qualidade é ver se o emissor e o receptor usam o mesmo código. Ex:

A poesia mediúnica não é bela? — Mas que entende você por beleza?

Nós, que falaremos, mais adiante, em poesia e sua aplicação aos estudos doutrinários, falaremos da função poética — função dominante da arte verbal, que é centrada na mensagem. Na poesia épica o centro é na 3ª pessoa — função referencial. Na poesia lírica se centra na 1ª pessoa — função emotiva e, na poesia exortativa tem função conativa e se centra na 2ª pessoa.

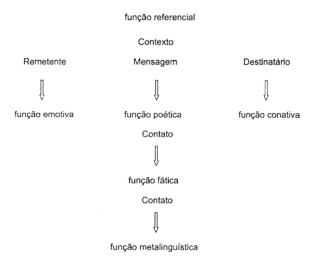

Às vezes, estas funções não ficam claras na nossa exposição, em virtude dos elementos que interferem na emissão ou na recepção de mensagens — são os ruídos.

Os ruídos podem ser erros gramaticais, vocabulário inadequado e distorções doutrinárias. No caso do expositor espírita teremos:

Orador – emissor
Tema – mensagem
Fala – canal
Ouvinte – receptor
Celso Martins, em seu livro *Manual do expositor e dirigente espírita*, lembra uma anedota fundamentada em um fato verídico acontecido num centro espírita, no interior do Brasil.

"Terminada uma palestra, um homem humilde do povo, mãos calejadas na enxada a vida inteira, declara a seu companheiro de crença:

— Puxa, meu amigo, o orador falou tão bonito! Pena que não entendi nada!"

III

O ORADOR NASCE FEITO?

Disse Bernard Shaw: "A vida é como uma pedra de amolar, tanto pode desgastar-nos ou afiar-nos; tudo depende do metal de que somos constituídos".

Correu a ideia, antigamente, de que o dom para falar era natural e apenas algumas pessoas o possuíam. Mas, já vimos muitos expositores treinarem e se tornarem palestrantes de boa qualidade.

Não devemos esquecer que trazemos nossas conquistas do passado e os nossos talentos estão condicionados às experiências pretéritas, que vão se fortalecer com as nossas vivências atuais.

Ninguém nasce pronto para uma tarefa, apresenta sim, habilidade para tal, que vai precisar de burilamento e perseverança.

Estas habilidades supõem alguma ideia inata. Vejam em *O Livro dos Espíritos*, parte 2ª, cap. IV, pergunta 218-a.

"Não é, então, quimérica a teoria das ideias inatas?"

"Não; os conhecimentos adquiridos em cada existência não mais se perdem. Liberto da matéria, o Espírito sempre os tem presentes. Durante a encarnação, esquece-os em parte, momentaneamente; porém, a intuição que deles conserva lhe auxilia o progresso. Se não fosse assim, teria que recomeçar constantemente. Em cada nova existência, o ponto de partida, para o Espírito, é o em que, na existência precedente, ele ficou".

IV

TIPOS DE EXPOSITORES

— Orador, palestrante e professor. Que existe substancial diferença entre orador, palestrante e professor não há nenhuma dúvida. O professor acostumado ao quadro de giz, aos esquemas e repetições, levará os ouvintes, na exposição, a se sentirem alunos. Mas, sabe-se, que em doutrina espírita, ninguém é professor. A sua diversidade de ensinamentos, o seu tríplice aspecto, coloca-nos frente a inúmeras tarefas educativas. A primeira é a nossa própria educação. A nossa educação é sempre voluntária, um esforço que fazemos para corrigir os nossos defeitos, nossos hábitos e comportamentos, a fim de adquirirmos o domínio sobre nós. É o "conhece-te a ti mesmo" de Sócrates. O professor enfim, é aquele educador, que desenvolve nas pessoas o que está em germe, realiza o que está em potência em cada ouvinte. O professor tem que ser objetivo nas suas explanações e explicar a doutrina de forma didática.

Assim, se exerce a ação educativa, realizada pelos centros espíritas. É contínua e permanente através do nosso exemplo. Sabe-se que todo ser humano é, em potencial, um educador.

Já o palestrante, tipo bem adequado às nossas casas espíritas, é uma mescla de professor e orador, passando do arrebatamento à exposição didática sem dificuldade. É o tipo de orador mais atualizado que não se perde na eloquente conversa com o ouvinte, após cuidadoso estudo do tema a ser apresentado.

Já o orador, à medida que se integra à doutrina dos espíritos, traduz em palavras suas convicções mais profundas e todas as ideias lhe veem com eloquência e arrebatamento, conseguindo magnetizar todos os ouvintes. O orador, mesmo que, às vezes, se sinta receoso age sob o influxo de forte emoção.

V

A IMPORTÂNCIA DA PALAVRA ESPÍRITA

"Na tarefa de explicação dos princípios espíritas para a mente popular, medita na importância do serviço que a Providência Divina te confiou".

Emmanuel
Encontro Marcado, capítulo 37.

A exposição espírita para o público é importante, pois através da tribuna espírita tanto esclarecemos quanto consolamos. A essência das exposições espíritas não se restringe aos encarnados. Aqueles que já partiram para o além têm também sede de conhecimentos e aguardam uma palavra nossa para atingir o seu equilíbrio espiritual. Não só os expositores fazem a divulgação da doutrina. Todo adepto do Espiritismo pode fazê-lo quando exemplifica a boa utilização da palavra, abstendo-se da maledicência, e usando sempre comentários otimistas, e principalmente, dando a todos o bom exemplo.

O material das exposições deve servir para aplicação na vida prática levando os ouvintes a reformular conceitos e a refazer comportamentos — enfim, a educar-se espiritualmente.

A divulgação oral tem suas vantagens, pois pede a cooperação do elemento humano que vai estudar e aprender mais, além de atingir um maior número de pessoas. No nosso país é grande a quantidade dos que não podem comprar livros ou os que não sabem ler. Segundo a educadora Ruth Berard, embora este método tenha vantagens, apresenta também suas desvantagens, que são a passividade do ouvinte, a impossibilidade de sanar dúvidas, a interpretação unilateral do conteúdo, a personificação do assunto pelo expositor e a dificuldade de dominar as técnicas de falar, que vimos observando através da nossa trajetória espírita.

Também, a mensagem oral deve vir carregada da emoção do expositor e de sua vibração, o que ajuda os ouvintes, permitindo penetrar nos mais diversos níveis de conhecimento e compreensão.

Quintiliano exalta a importância da emoção do orador no processo da conquista dos ouvintes:

"Posso eu porventura esperar que o juiz se condoa de um mal, que eu conto sem dor alguma? Indignar-se-á vendo que eu mesmo, que o estou excitando a isso, sou o que menos me indigno? Fará parte das suas lágrimas a um advogado, que está orando com os olhos enxutos? Isto pode ser tanto, como queimar o que não é fogo, molhar o que não é úmido e dar cor o que não a tem. Primeiro, pois, devem valer para conosco, as coisas que queremos tenham força para com os outros, e apaixonarmo-nos a nós mesmos antes que apaixonemos os outros".

A íntima relação entre voz e emoção é confirmada pela súbita afonia que se segue a certos traumas psíquicos. Essa mudez emocional já era conhecida na Antiguidade. Penélope, a fiel esposa de Ulysses, perdeu a voz quando soube que seu filho Telêmaco seria vítima de uma emboscada.

Queremos enfatizar que na exposição espírita não deve haver só o desejo de transmitir a mensagem, mas que ela virá ajudada por técnicas facilitadoras. Isto não poderá excluir, de forma alguma, o falar com emoção, colocando não apenas o intelecto na ação, mas, também, o sentimento: o falar com o coração.

No livro *Espelho D'Alma*, há uma interessante página *Estudo Espírita* que transcrevemos:

Estudo Espírita

Vangloriava-se de possuir o "dom da palavra".
Estudo era inovação — afirmava.
A inspiração significava-lhe tudo — insistia.
Bastava abrir a boca e jorrava a torrente — asseverava.
Estudar a Doutrina é erro — acrescentava, com falsa austeridade. Os espíritos ajudam no momento próprio.
E pregava aqui, ali, onde era convidado a fazê-lo.
Lamentavelmente convidavam-no outros cegos.

***

Salão à cunha, referto.
Aniversário do Centro.
Flores, sorrisos, declamações.

Convidado, assomou à tribuna.

– Ermãos e ermãs! Hoje falarei em detrimento da Doutrina. – Começou, eufórico.

.... E falou.

Ensina o Evangelho que o Espírito Santo fala pelos trabalhadores do bem, e que "basta abrir a boca".

Ninguém duvida.

Resta, porém, saber se a boca está em condições de traduzir a palavra do "Espírito do Senhor".

Menos petulância e mais discernimento.

Vigilância e oração constituem ingredientes de paz.

Nem elite intelectual, nem tão pouco ignorância presunçosa.

Resguardemos a boa comunicação espírita, examinando quem, como e quando alguém está em condição de servir com maior acerto e ensinar com segurança e lucidez.

VI

O EXPOSITOR ESPÍRITA

COMO SE PREPARAR PARA A TRIBUNA

Antes de pronunciar qualquer palavra, o auditório já está atento às atitudes do expositor. Todos o olham e estão ansiosos pelo que ele há de transmitir. Dê um último retoque na roupa antes de se encaminhar para a tribuna. A tribuna espírita não requer que você venha de paletó e gravata, mas, pelo menos, vestido de forma a se tornar uma figura agradável. Se estiver de paletó (isto para os expositores do sexo masculino e ou de jaqueta para os do sexo feminino) procure abotoá-lo convenientemente. Polito conta que "numa importante solenidade na União Brasileira de Escritores, um dos participantes ao ser chamado à tribuna, na pressa, tomado pelo nervosismo, abotoou o botão do colete na casa do botão do paletó. Sua mensagem tinha bom conteúdo, mas não é preciso dizer que os ouvintes não prestaram atenção a uma só palavra, escondendo os rostos para disfarçar o riso". Não acreditamos que, se isto acontecer no centro espírita, chegue a tal ponto, mas, de qualquer maneira, sempre haverá alguém (em virtude da heterogeneidade do público) que possa ter o mesmo comportamento ocorrido na União Brasileira de Escritores.

Inicialmente, observe o ambiente pretendendo conhecê-lo, com humildade e simpatia e o auditório se tornará mais benevolente. Evite tensões e sinta-se mais perto dos ouvintes. Portanto, dirigindo-se à tribuna faça-o com determinação e boa postura. Na mesa, acomode as anotações, acerte o microfone, olhe para todas as pessoas, esboce um sorriso amigo. Assim, quando começar a falar, todos o ouvirão.

Mais adiante, quando tratarmos da voz do palestrante, faremos menção a exercícios de aquecimento vocal e, outros, que deverão ser, se possível, realizados horas antes da exposição, de grande valia para o sucesso do trabalho.

VII

ATRIBUTOS DE UM BOM EXPOSITOR

CONHECIMENTO DOUTRINÁRIO

Quando um expositor é convidado a falar na casa espírita, supõe-se que ele deve ter algo a dizer. Portanto, deverá conhecer o assunto que lhe foi proposto ou por ele escolhido e ter lido livros que discorram sobre o tema.

Uma simples leitura, na véspera da exposição não é suficiente e a improvisação, só em casos especiais, como veremos adiante. O expositor precisa estudar continuadamente, anotando o que leu, usando na leitura os requisitos da atenção, da reflexão, o espírito crítico e procurando organizar suas anotações em fichas ou cadernos, fazendo uma análise e uma síntese do que foi estudado.

O conhecimento doutrinário é básico para que não se dê uma falsa ideia do espiritismo, enfatizando--se o "fenômeno" em detrimento da reforma íntima nem venhamos a provocar reações hostis à doutrina, fazendo referências pouco felizes a outras religiões ou conceitos filosóficos.

O expositor deve entender que, perante o público, está representando o Espiritismo e o movimento espírita e o que ele disser ou fizer será favorável à doutrina espírita ou a levará a ser desacreditada. Ante tais considerações, recomenda-se a indicação de pessoas que se adequem, o mais possível, aos reais atributos de um bom expositor.

A CONDUTA MORAL

"Faça o que prego, mas não faça o que eu faço"; este o chavão que não serve para o espírita, seja ele expositor ou não. Contudo, para quem ocupa a tribuna espírita, a responsabilidade é muito maior. Sabemos que ainda não conquistamos a posição de espíritos iluminados. Estamos com dificuldades de vencer o "homem velho" que vive dentro de nós, mas seremos reconhecidos pelos esforços que empregamos para operar a nossa transformação moral. Esta a finalidade precípua da doutrina que abraçamos.

As condições espirituais do expositor garantirão a boa qualidade da exposição. No capítulo XVII de *O Evangelho segundo o Espiritismo* de Allan Kardec, ele define o "homem de bem" que deve ser o desejo de todo o expositor:

- Cumprir a lei de justiça, amor e caridade.
- Depositar fé em Deus.
- Ter fé no futuro.
- Aceitar as vicissitudes da vida.
- Fazer o bem pelo bem.

COMUNICAÇÃO ESPÍRITA 45

- Se alegrar em espalhar benefícios.
- Ser benevolente.
- Respeitar as convicções dos outros.
- Tomar por guia a caridade.
- Não alimentar ódio.
- Ser indulgente.
- Não tornar evidente os defeitos alheios.
- Observar suas imperfeições.
- Respeitar os direitos dos semelhantes.

Somos expositores hoje, ainda presos às nossas dificuldades espirituais. Mas, à proporção que formos estudando a doutrina, iremos introjetando todo este manancial de conhecimentos para que possamos, um dia, ser fiéis propagadores das ideias espíritas.

VIII

PASSOS PARA A ELABORAÇÃO DA EXPOSIÇÃO

ESCOLHA DO TEMA

Se o tema fica à sua vontade, é sempre bom escolher um que você domine; se o tema for indicado e você não o conhece, estude-o para ordenar melhor as ideias, coletando fatos e assuntos correlatos. É aconselhável que se encontre material farto sobre o assunto em maior quantidade de que o necessário. Se o tema que lhe deram não lhe agrada, escolha outro ou peça para que o assunto seja mudado.

VER A QUEM SE DESTINA

Considere sempre o tipo de público que irá ouvi-lo: sua cultura, seu conhecimento doutrinário e sua condição sócio-econômica, pois a abordagem varia conforme o público. Quando não for possível conhecê-lo, utilize considerações evangélicas sobre o assunto, que são sempre úteis, pois muitas vezes, as pessoas que vêm à casa espírita estão necessitadas de receber assistência espiritual.

Deve-se, contudo, obedecer aos critérios seguidos pela instituição onde se fizer a exposição.

Certa vez, fomos convidados, no dia das mães, para realizarmos uma palestra num centro em local afastado da cidade do Rio de Janeiro. Não nos informaram sobre o tipo de público. Ainda neófitos neste particular, também, não perguntamos.

No dia aprazado lá estávamos. Quando chegamos, verificamos que a ideia-mãe da nossa palestra não condizia com o ambiente: lugar muito pobre, visitado por mães nada cultas, carentes de tudo. Tivemos outra ideia dentro da temática do assunto-mãe e abordamos os problemas familiares comuns às classes menos abastadas com suas possíveis soluções. Valeu--nos além do auxílio do Alto, a nossa experiência como educadora.

CONSULTAR A BIBLIOGRAFIA

Nossa bibliografia é imensa. Temos livros básicos – obras de Kardec, os livros clássicos e os subsidiários. No capítulo XIX falaremos sobre a biblioteca do expositor.

Devemos ficar atentos a muitos livros que aparecem em nosso meio, inclusive até mesmo de origem mediúnica, cujos princípios, às vezes, fogem aos fundamentos espíritas, devendo merecer de nós uma análise criteriosa. Isto não nos impede de lê-los e não nos proíbe de tê-los, embora tenhamos que estudá--los, antes de aceitarmos suas propostas.

COMUNICAÇÃO ESPÍRITA

ESTUDAR O TEMA

Estudar não é ler ou memorizar. Será fazer-se uma análise e uma crítica do tema. Deve-se reservar um determinado tempo para o estudo do assunto que deverá ser fiel às ideias e conceitos kardequianos. Ler os textos a serem consultados. O primeiro passo para ler é saber o que ler. Manusear o livro buscando identificá-lo; saber quando ler com concentração, em boas condições ambientais.

Para o estudo de um texto é recomendável:

1º. Fazer-se uma pré-leitura.
2º. Buscar-se as ideias principais.
3º. Sublinhar-se o que for essencial — arte que requer certa técnica, que seja: sublinhar as ideias principais; nunca na 1ª leitura; sublinhar com 2 traços as palavras-chave da ideia principal e com um traço os pormenores; assinalar com linha vertical à margem do texto as passagens mais significativas; assinalar com interrogações na margem as discordâncias.
4º. Ler-se, analiticamente, método que lhe dá uma visão global do sentido do texto.
5º. Organizar esquemas e resumos.
6º. Fazer pesquisa bibliográfica.

Precisamos, também, aprender a pensar. Realizar o que dizia Aristóteles: raciocinar corretamente. O estudo da lógica é importante para os que se dedicam às áreas do saber como a filosofia, a psicologia, a pedagogia, ramos de estudos que se encontram de certa forma, ligados aos conceitos kardequianos.

O objeto da lógica clássica é o argumento ou raciocínio. Quando argumentamos, fazemos uma série de enunciados que podem ser afirmativos ou negativos, categóricos ou hipotéticos, dedutivos ou indutivos, acompanhados por uma conclusão. Os antecedentes da conclusão chamam-se premissas.

Pensar, portanto, é algo interessante através do raciocínio lógico. Mas podemos pensar certo com dados errados.

A figura que nos leva a raciocinar é o silogismo. Significa em princípio "cálculo" empregada por Platão (429 – 348 a.C.) para determinar qualquer tipo de raciocínio e utilizada por Aristóteles.

Composto por 2 sentenças antecedentes (premissas) e uma consecutiva (conclusão).

Vamos dar um exemplo clássico:

Todo homem é mortal

Pedro é homem

Logo, é mortal.

Raciocínio correto e conclusão correta. Mas pode-se chegar a uma conclusão falsa com um raciocínio correto. Vejamos:

Todo brasileiro gosta de futebol.

Papai é brasileiro.

Logo, papai gosta de futebol.

Partindo de uma premissa falsa, chegamos a uma conclusão que pode ser falsa. Entretanto, o raciocínio está correto, construindo, no caso uma falácia.

O que temos a fazer na exposição é raciocinarmos de forma correta em torno de cada argumento que for apresentado para não confundirmos o auditório.

FORMULAR A IDEIA PRINCIPAL (IDEIA-MÃE)

Consiste em procurar um pensamento que resuma o fim que se quer provar na palestra. Ideia-mãe não se confunde com o tema que é o assunto da palestra.

Segundo Luiz Signates, um só tema pode ter várias ideias-mãe. Ele nos oferece várias ideias-mãe para um só tema. Vejamos:

Tema: Obsessão

1ª Sugestão de palestra

Ideia-mãe: "A cura da obsessão está ligada à evangelização do obsidiado".

Sugestão de assuntos: Pode-se falar sobre: os processos de sintonia em que obsessor e obsidiado se afinizam através de ondas mentais de mesmo teor; o espaço mental concedido pelo encarnado para ideias infelizes favorece o processo obsessivo; o estudo edificante, a prática do bem e oração mudam a frequência vibratória das ondas mentais e proporcionam a libertação do processo obsessivo...

2ª Sugestão de palestra

Ideia-mãe: "O obsessor é um irmão desencarnado em desequilíbrio, a quem devemos auxiliar".

Sugestão de assuntos: Pode-se falar sobre: os dramas aflitivos de existências anteriores, nas quais a vítima não consegue perdoar e se transforma em algoz no plano espiritual; a triste condição espiritual de quem se vinga; odiar os obsessores é responder, de novo, ao mal com o mal; a oração e o nosso esforço em melhorar podem sensibilizá--los e, então, o ódio se converte em perdão e fraternidade...

3ª Sugestão de palestra

Ideia-mãe: "Nós somos, os causadores das obsessões que nos vitimam".

Sugestão de assuntos: Pode-se falar sobre: o costume, inclusive em centros, de se culpar os obsessores e as aflições da vida pelos desequilíbrios espirituais; a lei da responsabilidade individual, pela qual Deus nos entregou o comando pleno de nós mesmos, desde o desenvolvimento da razão; é sinal de progresso assumirmos os próprios problemas; se mudarmos o nosso padrão mental, a obsessão não sobrevive...

É justamente isso que torna diversas exposições sobre o mesmo assunto serem estranhas umas às outras e, por vezes, até opostas.

ESBOÇAR E ESCREVER A PALESTRA

De posse das anotações e textos pesquisados com as ideias estudadas e coletadas, passa-se a selecioná--las esquematizando com clareza, simplicidade e coerência a palestra. Há quem goste de escrevê-la não sendo aconselhável sua leitura por se tornar por demais monótona.

COMUNICAÇÃO ESPÍRITA

OBSERVAR O TEMPO DISPONÍVEL

Segundo estudos pedagógicos, a boa assimilação de uma exposição ou aula gira em torno de 40 a 50 minutos. Mais do que este tempo, haverá uma queda no rendimento. Quando o professor, o orador ou o expositor é muito eficiente pode-se chegar a 60 minutos ou 75. Entretanto, normalmente, deve-se falar dentro do tempo estabelecido pela casa espírita. Houve época, em certa casa espírita, que tínhamos que dar a nossa mensagem na tribuna em apenas 15 minutos, o que nos obrigava a treinar o poder de síntese, mas, também, a deixar de lado os pontos, às vezes, importantes da exposição.

Falar dentro do tempo previsto, silenciar quando não mais tivermos o que dizer não complementando com assuntos estranhos ao tema ou repetições desnecessárias é regra aconselhável.

Muitas vezes, na casa espírita, após uma exposição, o presidente ou um irmão que dirige a reunião, resolve tecer comentários sobre a palestra. Os comentários serão sempre estimulantes, reconfortantes, mas com o cuidado de não repetir o que já foi explicitado, de forma a não causar, no público, uma sobrecarga de informações.

IX

ESTRUTURA DA EXPOSIÇÃO

INTRODUÇÃO

Significa conduzir para dentro, ou seja, prender a atenção, despertando o interesse com palavras expressivas. Na introdução, pode-se usar um fato histórico, um conto ou fábula, citações informando os pontos a serem abordados, perguntas que devem ser respondidas ao correr da explanação, suscitando um problema ou fazendo uma afirmação. O que não se deve fazer na introdução é: pedir desculpas à assistência chamando a atenção para os seus problemas de saúde (gripe, resfriado, rouquidão, cansaço) ou falta de tempo para preparar a matéria. Muito menos querer contar piadas. Também não se deve começar com palavras desprovidas de objetividade, nem fazer perguntas diretamente ao auditório e muito menos firmar posição sobre assunto polêmico ou usar chavões com frases vulgares. Isto não quer dizer que um pouco de bom humor não possa ser usado pelo expositor que deverá fazê-lo no momento oportuno.

A introdução deve ser curta e, bem elaborada, a fim de preparar a assistência para a explanação.

Alguns autores preconizam, logo após a introdução, na parte do discurso a que chamam de preparação, a narração que será uma exposição das causas e dos fatos onde se baseia o conteúdo principal da exposição. Serve para aumentar o interesse do ouvinte, provocando curiosidade e prendendo a atenção.

Para ser bem construída, necessita de clareza, concisão, verossimilhança e correção. Poderá aparecer a partir de um fato que sirva de base ao assunto central: elementos históricos, filosóficos, pesquisas, descobertas científicas e problemas relacionados com o tema principal.

DESENVOLVIMENTO

O desenvolvimento do assunto deve ser claro e lógico. Luiz Signates apresenta em *Caridade do verbo* uma excelente forma de trabalhar o desenvolvimento:

"É a parte central e mais volumosa e explícita. Constitui o desenvolvimento do assunto, tendo como característica principal a clareza. Deve ser minuciosa e sua estrutura deve conter uma lógica, dentro da qual o expositor dirá tudo o que tenha a dizer.

Vejamos alguns métodos de desenvolvimento do corpo da explanação.

SEGUNDO A IMPORTÂNCIA – Coloca as coisas

de menor importância em primeiro lugar, conduzindo o assunto aos temas de maior interesse, na direção de um clímax. Como uma espiral concêntrica, pode adotar o critério de começar abordando as generalidades e, aos poucos, passando para os temas mais específicos e contraditórios. Pode-se, também, de acordo com o tema, começar por analisar argumentações adversárias ou falsas, encerrando-se nas verdadeiras ou espíritas.

SEGUNDO A LÓGICA – A aristotélica "afirmação--prova". Tomar do assunto e, num vivo apelo ao raciocínio lógico, argumentar a exatidão das ideias, buscando comprová-las. Um bom exemplo a respeito talvez seja a argumentação de Paulo, acerca da ressurreição, em I Coríntios, 15. Note-se que, ele cita exemplos e argumenta, convincente, buscando comprovar a veracidade de sua opinião a respeito do assunto.

CRONOLÓGICO – Segundo o tempo ou a ordem dos acontecimentos. Uma palestra, por exemplo, sobre os dias atuais pode começar na pré--história e, de acordo com o objetivo, ressaltando--se os fatos que o destaquem, terminar nos tempos atuais, comprovando-se a autenticidade histórica da argumentação.

ARRANJO TÓPICO – Utilizado para um assunto que contém diversos itens não interligados. Por exemplo: Uma exposição sobre *As obras básicas,* cujo objetivo fosse dar à plateia leiga uma ideia do conteúdo de cada uma delas. O efeito é excelente, quando o expositor consegue a proeza de descobrir um ponto comum, interligando os assuntos. No caso citado, em que cada livro do codificador pode aparentar nada ter em comum com os outros, o palestrante pode referir-se, por exemplo, ao indiscutível bom senso de Allan Kardec, presente em todos os seus textos; ou ao fato de os últimos quatro livros do Pentateuco serem desenvolvimentos das quatro partes de *O Livro dos Espíritos*, o que comprova o planejamento espiritual da codificação e os liga de maneira harmoniosa e interessante.

SEGUNDO A CAUSA E EFEITO – É um tipo especial de desenvolvimento lógico. Pode-se enumerar diversas causas, para um único efeito que se queira demonstrar ou discutir, ou falar de um fato que foi causa de diversos efeitos. Exemplos: a vida de Jesus (causa) gerou uma verdadeira revolução de pensamentos (efeitos); a simples falta de paciência (causa) pode culminar em males inúmeros (efeitos); a soma dos pequeninos erros formam a grande queda; etc.

DIVISÃO EM PARTES – Tipo especial de desenvolvimento por tópicos. É usado quando não se tem obrigação de dividir, pois o tema é naturalmente unificado, mas ainda assim, fraciona-se, com finalidades didáticas. Por exemplo: a análise de uma página, ou um versículo do Evangelho, embora abordando um único assunto, pode ser dividido, para facilitar o entendimento geral.

Pode-se combinar os diversos métodos. O importante é usar sempre o pensamento lógico, discutindo feitos importantes até chegar a uma solução.

O assunto deve ser apresentado com clareza e objetividade. Mesmo tecendo comentários à biografia de qualquer vulto da Doutrina é sempre aconselhável encaminhar a palestra sem enfatizar o culto à personalidade, e sim, mencionando o seu crescimento espiritual.

CONCLUSÃO

É a parte mais importante e pouco valorizada da exposição. Nela o expositor deverá:
*   reafirmar os principais pontos da sua argumentação;.
*   levar os ouvintes à reflexão;
*   comover e convencer o auditório.

Na conclusão não se deve dizer: "Era isso o que eu tinha para dizer" ou "Não tenho mais nada para falar". As fases da conclusão são: a recapitulação que será o resumo dos principais aspectos abordados no assunto central, e o epílogo quando o palestrante recorre aos conceitos éticos. É como se o palestrante contasse sobre o que falou, deve ser curta, com variedade, isto é, as alterações que deverão existir, ocorrerão no ritmo da fala, na intensidade e entonação da voz, tudo porém com naturalidade. Outra característica será a clareza (os conceitos deverão estar coerentes com o que foi abordado). Na finalização, podemos então: levantar uma reflexão; fazer uma citação; contar um fato histórico dentro da doutrina ou qualquer outro que se coadune com o tema.

Tudo deve ser feito com arte (objetivar a beleza tanto no estilo quanto na forma). É como se fosse a "chave de ouro" que os poetas usam na forma poética do soneto. Nesta fase da conclusão pede-se auxílio à poesia e à música, se assim o expositor desejar e tiver habilidade para fazê-lo.

Um cuidado deve ser tomado: mesmo que não tenha gostado de sua própria apresentação, não demonstre e nem peça desculpas. Agradeça a Jesus pela oportunidade, procurando se esforçar para, de outra feita, sair-se melhor.

X

A MEDIUNIDADE NA EXPOSIÇÃO

A IMPROVISAÇÃO NA EXPOSIÇÃO

Como improvisar uma exposição? Falou-se que a improvisação, no caso de uma exposição doutrinária, não é uma situação condizente com o trabalho na casa espírita. Mas, se de repente, um companheiro, que tenha sido escalado para discorrer sobre a doutrina, deixa de comparecer ao compromisso, às vezes, por razões sérias, o que fazer então? Não podemos entregar esta tarefa a pessoas sem um abalizado conhecimento doutrinário e sem prática no relacionamento com o público.

O conhecimento dos postulados doutrinários é importante neste momento, porque para que se improvise bem, é preciso que o expositor tenha capacidade de ordenar os pensamentos que já estavam na sua mente, por força de estudo e de leitura.

Para uma improvisação correta pede-se que o expositor possua alguns atributos, tais como:
- cultura espírita;
- automatismo da fala;

- bom vocabulário;
- presença de espírito;
- capacidade de observação;
- memória;
- coragem.

De posse desses elementos, estabelece-se um método para o raciocínio e desenvolve-se o tema.

A MEDIUNIDADE NA EXPOSIÇÃO

Há quem defenda a ideia de que o orador espírita não precisa nada preparar, deve falar mediunizado. Mas parece que a ideia dos espíritos é outra. Segundo Emmanuel, em *Seara dos Médiuns,* na psicografia de Francisco Cândido Xavier, "ser médium é ser ajudante do Mundo Espiritual. E ser ajudante em determinado trabalho é ser alguém que auxilia espontaneamente, descansando a cabeça dos responsáveis".

Examinemos em *O Consolador* de Emmanuel a pergunta 392:

392- "Pode contar um médium, de maneira absoluta, com os seus guias espirituais, dispensando os estudos?

— Os mentores de um médium, por mais dedicados e envolvidos, não lhe poderão tolher a vontade e nem lhe afastar o coração das lutas indispensáveis da vida, em cujos benefícios todos os homens resgatam o passado delituoso e obscuro, conquistando méritos novos.

O médium tem obrigação de estudar muito,

COMUNICAÇÃO ESPÍRITA   63

observar intensamente e trabalhar em todos os instantes pela sua própria iluminação. Somente desse modo poderá habilitar-se para o desempenho da tarefa que lhe foi confiada, cooperando eficazmente com os Espíritos sinceros e devotados ao bem e à verdade.

Se um médium espera muito de seus guias, é lícito que os seus mentores espirituais muito esperem do seu esforço. E como todo progresso humano, para ser continuado, não pode prescindir de suas bases já edificadas no espaço e no tempo, o médium deve entregar-se ao estudo, sempre que possível, criando o hábito de conviver com o espírito luminoso e benéfico dos instrutores da humanidade, sob a égide de Jesus, sempre vivo no mundo, através dos seus ensinos e da sua exemplificação.

O costume de tudo aguardar de um guia pode transformar-se em vício detestável, infirmando as possibilidades mais preciosas da alma. Chegando-se a esse desvirtuamento, atinge-se o declive das mistificações e das extravagâncias doutrinárias, tornando-se o médium preguiçoso e leviano responsável pelo desvio de sua tarefa sagrada."

Somos, não dependentes dos espíritos, mas sim, seus colaboradores. Sempre a faculdade de expor poderá ser inspirativa. Muito poucas vezes, é permitida pelo plano espiritual, em exposições, a interferência direta das entidades superiores. A sintonia com a Esfera Superior quase sempre acontece, a isto nos levando o estudo, a oração, a meditação e o trabalho da exemplificação de nossos atos e atitudes.

XI

PERANTE O PÚBLICO

O MEDO DO PÚBLICO

Geralmente, quando convidados a falar em público, sentimo-nos inibidos ou com medo. Por que isto? Toda experiência nova nos mobiliza muito, o desconhecido nos amedronta. Às vezes, somos inseguros e guardamos também, a recordação de alguma tentativa anterior não bem sucedida. Ficamos com algum trauma e não nos sentimos em condição de vencê-lo. O professor Robinson em *The Mind in the Making* (*A Mente em Ação*) afirma que "o medo é o fiel bastardo da ignorância e da incerteza". O falar em público como já foi dito é algo desconhecido para algumas pessoas o que acarreta o medo.

É preciso entender que não somos a única pessoa a ter medo de falar em público. Parece que 80% dos estudantes universitários, quando chamados à tribuna, sentem-se tensos.

Certa dose de nervosismo é salutar, porque demonstra que seu corpo está alerta aos estímulos externos, e isto funciona como uma preparação para a ação.

Além disto, muitos oradores profissionais dizem que jamais perderam o nervosismo diante de uma assistência. Isto acontece no início da palestra e vai se diluindo aos poucos. Como curar este medo? Procurando conhecer o que desconhecemos. Precisamos aceitar o desafio, treinando e controlando racionalmente a emoção, estudando bem os assuntos a serem falados e tentando expô-los, primeiro a pequenos grupos, depois aceitando o convite para falar na nossa Casa Espírita, em pequenas preleções, até vencermos os nossos temores.

O PÚBLICO DOS CENTROS ESPÍRITAS

O público dos centros espíritas é bastante heterogêneo. Os centros espíritas são visitados por pessoas com os mais variados problemas e de todas as camadas sociais. Ali se mesclam pobres, ricos, cultos, incultos, sadios, doentes, alegres, tristes e muitas vezes, recebemos até pessoas de outras religiões que vêm por curiosidade ou por necessidade de atendimento, indicadas por terceiros.

Alguns centros têm pequena frequência, outros atraem muitas pessoas quando mantêm trabalhos de passes, de cura ou operações espirituais.

Só que o público não é estável, geralmente. Logo que resolvem seus problemas desaparecem, a não ser os frequentadores assíduos dos passes e dos pedidos de orientação.

Para o público, a missão da Casa Espírita é a de melhorar suas dificuldades e acabar com seus conflitos. Por falta de estudo da doutrina, ignoram que a função precípua do espiritismo é a de ajudar na nossa renovação interior, através do estudo, do trabalho com Jesus, do nosso exemplo na vida material. Assim, a necessidade da exposição espírita; mas há que existir grande cuidado na abordagem dos temas, sempre levando o assistente a entender que a misericórdia do Pai é Infinita e que se cometemos erros, Ele nos perdoa sempre. Nossa missão, mesmo discorrendo sobre temas como aborto, suicídio, sexo antes do casamento e outros temas polêmicos, como o homossexualismo, é de esclarecer, consolar e levar a esperança a todos os que erram e sofrem. Nada de condenar ninguém, porque somos todos espíritos faltosos, em busca de regeneração e progresso.

XII

O ATO DE OUVIR – ATRIBUTOS DO SOM

Para entendimento da voz é preciso que recordemos o som, o ato de ouvir e seus atributos.

O ato de ouvir implica envolvimentos bastante complexos, não só um acontecimento da Física Acústica, mas também o bom funcionamento da máquina corporal. "Quando o som é produzido, a atmosfera é perturbada por ondas sonoras (compressões e rarefações do ar criadas por um objeto vibrátil) irradiando-se a partir da fonte. As ondas sonoras produzem no tímpano (membrana timpânica) vibrações na mesma frequência da fonte criadora do som. As vibrações sonoras são levadas da membrana timpânica para a orelha interna, a fim de serem transformadas em impulsos nervosos. Esses impulsos nervosos sofrem todo um processo, até o entendimento da mensagem sonora".

Embora o ouvido não faça parte do aparelho vocal, está intimamente ligado à fonação, exercendo uma função primordial em relação à palavra.

Aprendemos a falar ouvindo falar. A criança que nasce surda não fala, ela é surda-muda; se a surdez aparece na ocasião da formação da linguagem, muito provavelmente, ela apresentará o retardamento da palavra ou dislalias e alterações do timbre da voz.

O aparelho auditivo compõe-se de três partes distintas:

1º. O ouvido externo que compreende o pavilhão e o conduto auditivo externo, é limitado internamente pela membrana do tímpano. A finalidade do pavilhão é de recolher os sons e dirigi-los ao conduto auditivo externo que os reforça e os transmite ao tímpano. O tímpano é uma membrana delgada que apresenta três folhas: uma externa que é a continuação da pele e contém os vasos sanguíneos; a interna que é composta de fibras circulares radiadas, e finalmente, a posterior que faz parte da mucosa da caixa timpânica. As ondas sonoras provocam oscilações na membrana do tímpano.

2º. O ouvido médio, também chamado caixa do tímpano, é o aparelho de acomodação e transmissão dos sons. É uma cavidade irregular que apresenta do lado externo um orifício circular fechado pela membrana do tímpano e internamente, em cima, a janela oval e em baixo a janela redonda, ambas também fechadas por membranas. Do tímpano à janela oval estende-se uma cadeia de ossinhos que se articulam: o martelo, a bigorna e o estribo que transmitem as oscilações timpânicas provocadas pelas ondas sonoras ao líquido contido no ouvido interno. A parte anterior comunica-se com as fossas nasais e laringe posteriores, por meio da Trompa de Eustáquio.

3º. O ouvido interno é um pequeno corpo ósseo em forma de caracol cujo canal em espiral contém um líquido: a endolinfa. O ouvido interno é revestido por fibras sobre as quais estão as células sensoriais com cílios que flutuam no líquido recebendo as ondas sonoras e estabelecendo a corrente nervosa que vai até o cérebro. Os canais estão cheios de líquido que contribuem para o nosso equilíbrio.

O som e a voz mantêm entre si atributos como altura, intensidade e timbre, que precisamos analisar com cuidado.

A altura do som emitido vai depender da frequência da onda sonora que proporciona; assim ocorre, com os sons graves, de frequência mais baixa e os sons mais agudos, que se caracterizam por uma frequência mais elevada.

A intensidade vocal manifesta-se pela pressão exercida pela coluna de ar na traqueia e a resistência que encontra por parte das pregas vocais, durante o ato da fala. No dia a dia, reconhecemos a intensidade do som por forte e fraco, sendo que, no caso, esse som forte está ligado à força física, ao ato de fazer força para falar, o que é uma das causas que podem desencadear problemas vocais.

Timbre é a fisionomia do som. É a qualidade sonora de um instrumento ou de uma voz que permite distinguir dois sons na mesma altura e intensidade produzidos por diferentes instrumentos.

ESQUEMA DO PERCURSO DE UMA ONDA SONORA

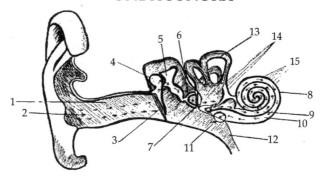

1 – *ouvido externo*
2 – *direção da onda sonora através do ouvido externo*
3 – *tímpano*
4, 5 e 6 – *ouvido médio com a cadeia de ossinhos: martelo, bigorna e estribo*
7 – *janela oval*
8 – *caracol*
9 – *percurso ascendente*
10 – *percurso descendente*
11 – *janela redonda*
12 – *trompa de Eustáquio*
13 – *canais semi-circulares*
14 – *nervo do sentido do equilíbrio*
15 – *nervos que vão ao cérebro.*

XIII

A VOZ DO EXPOSITOR

Educar a voz para que se faça construtiva e agradável.
Emmanuel *(Bênção de Paz* - capítulo 20)

Ao nos expressarmos pela voz, demonstramos emoções, sensações e intenções. A voz conta os segredos da idade, do sexo, da saúde, da profissão e da personalidade. Por que será que a voz reflete com tanta nitidez o que se passa no interior das pessoas? Desde o nosso aparecimento na Terra até os dias atuais, adaptamos certas partes do nosso aparelho digestivo e certas partes do nosso aparelho respiratório para a fabricação da fala e construímos assim o aparelho fonador. Note-se, entretanto, que o aparelho fonador, embora exista para a fabricação da fala, é uma adaptação do nosso organismo, e qualquer problema de ordem física ou emocional será imediatamente revelado através da voz.

Muitos poderão se espantar com as nossas observações em torno da voz do expositor e perguntarão: estes aspectos não serão exigir demais? Naturalmente, que não são obrigatórios, mas julgamos seja necessária a advertência e um pouco de treino e conhecimento para aprimoramento do expositor espírita.

LARINGE E PREGAS VOCAIS

1. *Epiglote*
2. *Ventrículo da laringe*
3. *Porção sub-glótica*
4. *Traqueia*
a. *Prega vocal superior*
b. *Prega vocal inferior*

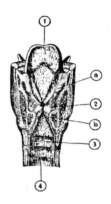

LARINGE - é a parte do aparelho respiratório que se destina à fonação. A laringe é constituída de anéis, pois é o ápice da traqueia que se modificou numa parte limitada em forma de fenda triangular chamada glote. Dos lados encontram-se saliências membranosas em número de quatro, denominadas pregas vocais. As pregas vocais ou pregas aritenóideas, dispostas em grupos de duas de cada lado da laringe, dividem-se em superiores e inferiores. As superiores ou falsas cordas vocais são finas e pouco salientes, e não desempenham qualquer papel ativo na fonação. Mas essas falsas cordas vocais, na fonação, são chamadas protetoras das cordas vocais de fonação, pois elas são substitutas da epiglote.

Mas como se produz a voz?

Diz Villela em *Fisiologia da Voz:* "para a produção da voz, os pulmões funcionam como verdadeiros foles, em virtude da ação dos músculos expiradores; expelem o ar com energia fazendo-o sair pelos brônquios e traqueia até a laringe. Neste órgão, as pregas vocais inferiores entram em tensão, vibrando em movimentos laterais alargando e estreitando a fenda glótica e produzindo a voz que vai se ampliar nas cavidades de ressonância."

PREGAS VOCAIS

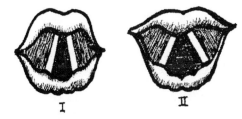

I – *inspiração normal*
II – *inspiração profunda*
III – *em fonação*

POSTURA

Uma boa postura é importante para uma boa voz. Não é preciso, contudo estar numa "posição de sentido" de forma rígida. É necessário manter o corpo ereto, mas relaxado.

A postura corporal ideal para manter a naturalidade e sem causar prejuízo à voz é manter um ângulo de 90° entre a ponta do queixo e o pescoço, com isto, permitindo uma leve movimentação da laringe, onde se encontram as pregas vocais.

Para que isto aconteça imagine que o topo posterior de sua cabeça está suspenso, do teto, por uma corda. Isto fará com que sua cabeça fique em ângulo correto com seu queixo.

Imagine também que você tem uma grande cauda e que a traz para frente entre suas pernas. Assim você jogará sua pélvis para a frente o que ajudará a encolher o abdômen.

Se houver problemas maiores na postura consulte um fisioterapeuta.

RELAXAMENTO

Horas antes de uma apresentação em público deve procurar o expositor fazer alguns exercícios de relaxamento. Sugerimos:

Coloque uma música bem suave e inicie.

Sentado de maneira confortável, deixe a cabeça cair para a frente. Sempre se concentrando na respiração, comece a fazer uma rotação para o lado direito, bem devagar e bem relaxado, sem mover o tronco e sem tensionar o maxilar (quando estiver com a cabeça voltada para cima, deixe a boca se abrir). Espere alguns segundos e depois volte pelo lado esquerdo até chegar em baixo. Faça duas vezes para cada lado.

Faça rotação dos ombros, para frente e para

trás, bem lentamente, sempre se concentrando na respiração e sem mover o tronco.

Dê uma espreguiçada e boceje tentando abrir a garganta ao máximo.

De pé, solte bem os braços e pernas.

Abra e feche as mãos.

Mexa bem os dedos das mãos e dos pés.

Inspire profundamente e expire suspirando até soltar todo o ar, relaxando ao máximo.

RESPIRAÇÃO

A respiração é um processo automático e natural. Contudo, as tensões diárias nos levam a dificultar este processo. Em situações de ansiedade, tais como falar em público, dar aula ou nos reunirmos com outras pessoas, o ar nos parece insuficiente.

Sabemos que a respiração correta vai beneficiar, não apenas a nossa fala, mas todo o nosso corpo. Respirando corretamente, conseguimos nos acalmar, diminuindo as tensões.

A melhor respiração é a costal-diafragmática, com expansão da caixa torácica, com foco na abertura lateral e posterior das costelas, sem nenhum movimento na região peitoral.

Entretanto, durante a palavra e o canto, a respiração pode ser buconasal, pois os tempos necessários para as pausas nem sempre permitem uma inspiração exclusivamente por via nasal.

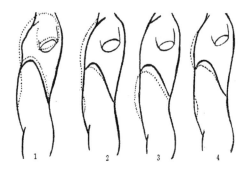

1 – *respiração clavicular*
2 – *respiração costal*
3 – *respiração abdominal*
4 – *respiração costal-diafragmática*

PULMÃO

O pulmão é uma árvore inteiramente oca, inclusive as folhas. O tronco é a traqueia, os ramos são os alvéolos, que respiram; o restante da árvore não respira.

A – Traqueia
B – Brônquios
1 - Pulmão
2 - Base do pulmão
4, 5 e 6 – Os 3 lóbulos
7, 8 – Sulcos que separam os lóbulos
9 – Bronquíolos
10 – Alvéolo pulmonar
11 – Vesícula pulmonar
12 – Laringe
13 - Cartilagem

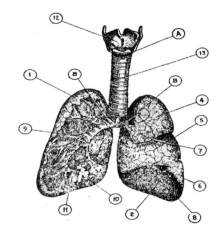

O diafragma é um músculo horizontalmente colocado, separando a cavidade torácica da abdominal que, se usado corretamente na respiração, apoia a voz dando mais energia à fala. Devem-se realizar exercícios respiratórios frequentes, para que haja automatização.

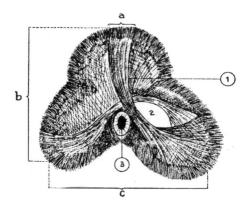

Exercícios de respiração; o objetivo destes exercícios é o desenvolvimento da capacidade respiratória. Além disso, fortalecerá os músculos do abdômen e das costas, o que ajudará a evitar dores na coluna.

Deitado (procurando alongar bem a coluna, sem forçar a lombar e alongando a parte posterior do pescoço): coloque as mãos no ventre, abaixo do umbigo, e pressione para dentro enquanto os músculos do abdômen empurram para fora. Procure equilibrar o movimento do diafragma e memorizar essa sensação.

Em pé: Inspirar profunda e silenciosamente, sem elevar o peito, abrindo as costelas flutuantes e abaixando o diafragma (inspiração costal-diafragmática).

Pausa (aproximadamente 2 segundos).

Expirar bem lentamente, procurando relaxar as costelas quando terminar o movimento.

Em pé: Inspirar

Pausa

Expirar pela boca, muito suavemente; lábios em posição assovio, tentando controlar a saída do ar, fazendo com que seja o mais constante possível.

Deitado ou em pé (tente das duas formas): inspirar

Pausa

Expirar com energia em forma de: S....................

...........como se fosse para apagar uma vela ao longe, usando um impulso vindo do centro do corpo. Não deixe que o ar saia todo de uma vez. Não se esqueça de apoiar (controlando o movimento do diafragma).

Obs.: Fazer também

F ....

Ch ....

Z ....

V ....

J ....

Os exercícios apresentados objetivam aumentar a capacidade respiratória e o controle da saída do ar.

PAUSAS

Chama-se pontuação ao sistema de sinais gráficos para indicar na escrita as pausas. Entretanto, na pontuação oral, algumas vezes desprezamos a escrita em benefício da expressão.

COMUNICAÇÃO ESPÍRITA

Quando lemos em voz alta, precisamos fazer um controle de sopro da expiração para não ficarmos com falta de fôlego. Para isto, existe a pontuação. Vírgula, ponto e vírgula, dois pontos e ponto. Existe, contudo, uma pontuação expressiva: interjeição, exclamação, reticências, travessão, parênteses, onde se respira à vontade. Esta pontuação serve também para indicar a modulação da voz que se eleva depois da vírgula e desce no ponto e vírgula e nunca depois de dois pontos, pois vem em seguida uma citação. Depois do ponto a voz desce porque o sentido está completo. Já na pontuação expressiva não há uma regra geral, podendo a voz subir ou descer numa exclamação ou numa interjeição. Exercitemos. Faça pausas na resposta à pergunta 148 de *O Consolador*.

"148 – Que espera o homem desencarnado, diretamente, nos seus primeiros tempos da vida de além--túmulo?

— A alma desencarnada procura naturalmente as atividades que lhe eram prediletas nos círculos da vida material, obedecendo aos laços afins, tal qual se verifica nas sociedades do vosso mundo.

As vossas cidades não se encontram repletas de associações, de grêmios, de classes inteiras que se reúnem e se sindicalizam para determinados fins, conjugando idênticos interesses de vários indivíduos? Aí, não se abraçam os agiotas, os políticos, os comerciantes, os sacerdotes, objetivando cada grupo a defesa dos seus interesses próprios?

O homem desencarnado procura ansiosamente no

Espaço, as aglomerações afins com o seu pensamento, de modo a continuar o mesmo gênero de vida abandonado na Terra, mas, tratando-se de criaturas apaixonadas e viciosas, a sua mente reencontrará as obsessões de materialidade, quais as do dinheiro, do álcool, etc., obsessões que se tornam o seu martírio moral de cada hora, nas esferas mais próximas da Terra.

Daí a necessidade de encararmos todas as nossas atividades no mundo como a tarefa de preparação para a vida espiritual, sendo indispensável à nossa felicidade, além do sepulcro, que tenhamos um coração sempre puro."

AQUECIMENTO VOCAL

Antes de uma atividade vocal mais ou menos intensa, as pregas vocais, que são músculos, precisam de aquecimento. Com isto, se evita a fadiga vocal que leva, muitas vezes, a lesões. Para exemplificar, podemos dizer que o professor ou o orador e outros profissionais de voz, que falam por tempo longo e não usam o aquecimento, terão com certeza a curto, médio ou longo prazo, lesões nas pregas vocais que os levarão a cirurgias ou a tratamentos fonoaudiológicos prolongados.

Dedique 10 minutos antes de uma situação de fala ao aquecimento vocal. Com ele, você conseguirá o relaxamento da musculatura facial, obtendo uma expressão mais tranquila e voz mais agradável.

Comunicação Espírita 83

Depois de utilizar a voz, realize os mesmos exercícios para desaquecê-la e permaneça sem falar por algum tempo. Recorra à massagem suave na parte da frente do pescoço, sobre a laringe, massageando nuca e ombros. Faça vibrar os lábios e a língua. Exercícios de aquecimento vocal:

- Faça movimentos amplos do corpo, espreguiçando-se e movimentando as articulações, sempre associados à respiração profunda para soltar o corpo;
- Faça movimentos com a cabeça girando de um lado para o outro, soltando a musculatura do pescoço;
- Faça bocejo-suspiro, para abrir a garganta. Repita várias vezes;
- Realize os exercícios usando respiração profunda (inspirando pelo nariz e soltando pela boca num suspiro profundo);
- "Mastigação" do som – "hum hum..." – com a boca fechada. Explore as cavidades de ressonância sentindo como o som vibra no nariz, na boca, nos seios faciais;
- "Mastigação" do som – "hum hum..." – com a boca aberta, fazendo movimentos amplos. Observe como a ressonância vai mudando de lugar conforme os movimentos da mandíbula e da língua – observe o relaxamento da musculatura facial;
- Vibração de lábios – "brrrrrrrrrrrr";
- Vibração de ponta de língua – 'trrrrrrrrrrrrr";

RESSONÂNCIA

Que será ressonância? É a vibração do ar dentro das cavidades de ressonância: boca, faringe, nariz e seios faciais que permitem a amplificação do som, emprestando à voz corpo e brilho.

Fala-se em colocar o som na "máscara". É quando a ressonância se faz sentir nas maçãs do rosto e na testa. Havendo ressonância, o som vibra mais e se torna mais fácil a projeção da voz.

Exercícios:

Em pé ou deitado:

- inspirar

- pausa

- expirar soltando o ar apenas pelo nariz (como se estivesse dizendo hum). Escolha um som que seja confortável e tente manter a emissão de ar constante. Usando as duas mãos, com as pontas dos dedos, toque o nariz e maçãs do rosto de leve e sinta a vibração.

Inspire e na expiração comece com o som em volume baixo, aumente procurando elevar a ressonância (vibração) e ainda dentro da mesma expiração diminua o volume, terminando, assim, no mesmo volume que começou.

- inspirar

- pausa

- expirar em mi – mi – mi – mi – mi, procurando manter a vibração nasal.

- Vibração de lábios "brrrrrrrrrrrr" e de ponta de língua "trrrrrrrrrrrr".
- Faça movimentos com a língua em torno dos dentes (boca de macaco).

COMUNICAÇÃO ESPÍRITA

- Faça massagens no céu da boca com a ponta da língua.

PROJEÇÃO DA VOZ

Projetar a voz é conduzir a voz dentro do ambiente em que estamos fazendo nossa exposição. Com boa respiração e articulação e utilização correta das cavidades de ressonância, o expositor terá maior alcance da voz. Engana-se quem pensa que para projetar a voz deva-se aumentar a intensidade. O certo é utilizar inflexões com tons mais agudos, com apoio respiratório, nas cavidades de ressonância, utilizando boa articulação.

Exercícios de projeção vocal

Dirija subjetivamente para um ponto qualquer da sala as seguintes frases:

— Fábio! Fábio! Vem cá!

— Atenção! Atenção!... contagem regressiva! nove, oito, sete, seis, cinco, quatro, três, dois, um... FOGO!

— Alô... alô... estou falando, telefonista... alô... alô... telefonista... telefonista... ALÔÔÔ!...

— Ei, você aí! Espere... o delegado quer falar com você... ei!... ei!... vem cá!!!

ENTONAÇÃO

A entonação da voz são inflexões que fazemos ao falar estabelecendo curvas melódicas na nossa exposição. Junto ao recurso das pausas, é importante para a comunicação. Sem isto, a fala torna-se monótona, menos inteligível, levando o ouvinte ao desinteresse. Muitas vezes, os sinais de pontuação (ponto, vírgula, interrogação e exclamação) não são utilizados corretamente e deixam dúvidas nos ouvintes. Se na hora de terminar uma exposição, a inflexão não for exata, teremos que complementar com o famoso e desagradável fecho: "Já acabei" ou "É só".

Não é conveniente que se fale no mesmo tom o tempo todo; deve-se flutuar acima e abaixo do tom natural.

Entoe cada frase num fôlego só. Emita os sons terminados com – ém no seu tom médio; os sons em – ão em tom grave; e os sons em – im num tom mais agudo.

OS SINOS
(Manuel Bandeira)

Sino de Belém,
Sino da Paixão...

Sino de Belém,
Sino da Paixão...
Sino do Bonfim!...

Sino do Bonfim!...
Sino de Belém, pelos que inda vêm!
Sino de Belém bate bem-bem-bem.

Sino da Paixão, pelos que lá vão!
Sino da Paixão bate bão-bão-bão.

Sino do Bonfim, por quem chora assim?...
Sino de Belém, que graça ele tem!
Sino de Belém bate bem-bem-bem.

Sino da Paixão — pela minha mãe!
Sino da Paixão — pela minha irmã!

Sino do Bonfim, que vai ser de mim?...
Sino de Belém, como soa bem!
Sino de Belém bate bem-bem-bem.
Sino da Paixão... Por meu pai?... — Não! Não!...
Sino da Paixão bate bão-bão-bão.
Sino do Bonfim, baterás por mim?...

Sino de Belém,
Sino da Paixão...

Sino da Paixão — pelo meu irmão...

Sino da Paixão,
Sino do Bonfim...

Sino do Bonfim, ai de mim, por mim!
Sino de Belém, que graça que ele tem!

POESIAS ESPÍRITAS EM TONS AGUDO, MÉDIO, GRAVE.

ESSE PEQUENO...

(Irene Souza Pinto)

Esse pequeno sozinho,
À noite, no pó da estrada,
De roupa suja e rasgada,
Que passa pedindo pão,   tom médio
É um anjo pobre a caminho,
Sob inocente amargura ...
Pássaro triste à procura
De ninho e consolação.
Criança desconhecida...
Dormirá? Quem sabe onde?...   tom agudo
É órfão?... Ninguém responde.
Aceita o que se lhe dê.   tom médio
Quantas mágoas tem na vida,
Quanta miséria a consome,
Quanto anseio, quanta fome,   tom grave
Ninguém sabe, ninguém vê...
Nunca lhe atires ao lado
Qualquer palavra ferina...
Socorre, ampara, ilumina
Em nome do Eterno Bem,
Que esse menino exilado,   tom agudo
Sem lar e sem companhia,
Se o Céu quisesse podia
Ser teu filhinho também!
Encoraja-lhe a esperança,

Envolve-o no teu sorriso
E sentirás, de improviso,
A bênção de doce luz! tom agudo
É que no amor da criança,
Que te agradece o carinho,
Receberás, de mansinho,
A gratidão de Jesus!

Faça o mesmo com o soneto abaixo

HORA EXTREMA
(Júlio Salusse)

Céu de chumbo a rugir na imensidão remota
Verte em largos bulcões indômita procela.
No tempestuoso mar que se agita e encapela,
Sofro o anseio febril dos náufragos sem rota.

Mergulho a vastidão, qual mísera gaivota
Que, em tentando fugir da nau que se esfacela,
Logra apenas ferir-se e tombar junto dela,
Sonho audaz de infinito amargando a derrota.
Desço às vascas do fim, no pélago profundo...
Irrompe de improviso a tela de outro mundo,
Sob a luz que transcende os fastos da memória.

Faz-se a treva esplendor, raia o dia opulento...
Ante a luz divinal, que banha o firmamento,
Levanto-me do abismo, em suprema vitória.

ÊNFASE

A ênfase é o realce por meio da voz, que se dá à palavra que consideramos mais expressiva dentro da frase, e que transmite a essência da mensagem. Para escolhermos a palavra-chave temos que ter muito claro o que queremos transmitir aos outros. A pausa e o aumento de intensidade de voz, aparecem juntos à ênfase quando queremos ressaltar algo. A seguir, veja um exemplo de marcação de ênfase com explicações dos significados, Neyde Gonçalves:

"Cheguei em <u>casa</u> e não encontrei você me esperando para o jantar.

Cheguei em casa <u>e não</u> encontrei você me esperando para o jantar."

Cheguei em casa e não encontrei <u>você</u> me esperando para o jantar.

Cheguei em casa e não encontrei você me esperando para o <u>jantar</u>.

As significações obtidas são diferentes; na primeira frase a ênfase nos leva simplesmente a uma constatação de um fato; a segunda demonstra a indignação de não encontrar alguém que deveria estar presente; na terceira significa que a pessoa pode ter encontrado outras pessoas menos uma específica; a quarta demonstra a indignação de não ter encontrado a pessoa para uma ocasião específica."

Exercícios (ênfase)

No trecho abaixo, repita a frase de diversas maneiras, colocando ênfase em diferentes palavras.

COMUNICAÇÃO ESPÍRITA

Realce a palavra-chave falando as outras palavras com naturalidade sem colocá-las em evidência.

"Se a sua existência terrestre foi o apostolado do trabalho e do amor a Deus, a transição do plano terrestre para a esfera espiritual será sempre suave".

Exercícios de inflexão

Interrogando	Um dia a casa cai?
Dúvida	Talvez não caia.
Indignação	A culpa é sua!
Inquietude	Receio que caia
Disciplina	Deixe cair ...
Orgulho	Eu me responsabilizo!
Humilde	Quem sou eu para opinar...
Aspereza	Fique sabendo que cai!
Tristeza	Que pena... tão boa!
Admiração	Será possível?
Ironia	Já contava com isso.
Conselho	Cuidado que vai cair!
Impaciência	Depressa, corre, anda!
Discussão	Já disse que cai, e cai mesmo!
Curiosidade	Ouvi dizer que vai cair.
Alvoroço	Corram depressa!
Ameaça	Se não consertar cai, já.
Reflexão	Vamos raciocinar, talvez não caia.
Acabrunhamento	Tudo perdido...
Espanto	Quem disse?
Revolta	Isso não fica assim!
Cólera	Há de me pagar caro!
Vingança	Eu mato o construtor.
Misericórdia	Coitado... não tem culpa.
Medo	Vamos embora...

Pavor	Fujam depressa!
Resignação	Paciência...
Caçoada	É brincadeira.
Frio	Tiritando.
Calor	Sufocando.

ARTICULAÇÃO

Para que haja uma boa articulação é preciso que a musculatura dos lábios, de língua, do véu palatino funcionem bem.

Não se deve omitir "esses" e "erres" dos finais das palavras. Também, nas terminações "ndo" (levando, viajando, comendo), às vezes, omite-se o "d". Teremos que cuidar de bem pronunciar os grupos consonantais: tr, br, cr e outros.

É comum a omissão dos "is" intermediários: janero em vez de janeiro, tercero em vez de terceiro. Outros erros são de troca do "u" pelo "l" e omissão de sílabas: *Brasiu* em lugar de Brasil, *pcisa* em lugar de precisa.

A articulação deve ser perfeita para facilitar a projeção no ambiente e a fala se tornará clara.

Exercícios que melhoram a articulação

• Succione a língua de encontro ao céu da boca com bastante força, como se fosse fazer um estalo. Mantenha essa pressão durante alguns minutos. Isso ajudará no fortalecimento da musculatura de sua

COMUNICAÇÃO ESPÍRITA   93

língua. Língua flácida não contribui em nada para a boa articulação;
- Faça vibração de lábios e vibração de língua;
- Pressione um lábio contra o outro. Estoure-os;
- Gire a língua entre os dentes e lábios – para um lado e para o outro;
- Faça sopros bem firmes e direcionados;
- Repita várias vezes para obter maior funcionalidade de toda a musculatura.

Os exercícios de trava-língua contribuem para a agilidade da musculatura da fala levando à precisão da articulação.

a) sa cha fa - sa cha fa...
se che fe - se che fe...
si chi fi...
so cho fo....
su chu fu...
cha sa fa...
che se fe...
chi si fi...
cho so fo...
chu su fu...
fa sa cha...
fe se che...
...
fa cha sa...
fe che se...
...

b) Um tigre, dois tigres, três tigres...

c) Lá em cima daquela serra há uma arara loura. A arara loura falará? Fala, arara loura.

d) Tagarelarei-tagarelarás-tagarelará-tagarelaremos-tagarelareis-tagarelarão.

Tagarelaria-tagarelarias-tagarelaria-tagarelaría-mos-tagarelaríeis-tagarelariam.

e) Enladrilharei-enladrilharás-enladrilhará-enla-drilharemos-enladrilhareis-enladrilharão.

Enladrilharia-enladrilharias-enladrilharia-enla-drilharíamos-enladrilharíeis-enladrilhariam.

f) Desenladrilharei-desenladrilharás-...

Desenladrilharia-desenladrilharias-...

g) Está o céu enladrilhado

Quem o enladrilhou?

Quem o desenladrilhará.

Bom desenladrilhador será.

Repetir observando se os seus movimentos estão bem precisos. Iniciar o treino de forma lenta e exageradamente precisa.

Outros exercícios de trava-língua poderão ser encontrados em diversos compêndios de dicção.

RITMO

Na linguagem falada, temos a considerar o ritmo. Que é ritmo?

O ritmo preside a vida, desde os seres mais ínfimos, até a vida cósmica. Está presente nas atividades respiratória, circulatória, glandular; no decorrer do tempo de vivência dos indivíduos; no movimento dos astros e da Terra: no ciclo do dia e da noite, nas semanas e meses, nos anos, nas estações; no decorrer de um dia de trabalho; no de um dia de atividade vital: alimentação, trabalho, recreação, sono e repouso. Enfim, em tudo que nos rodeia há ritmo, desde o movimento das folhas que caem, até dos edifícios que surgem.

A percepção desses ritmos pode nos ser agradável ou desagradável, segundo a concordância que tenham com nosso ritmo vital, pois cada pessoa tem o seu. Contudo, esse ritmo individual pode ser modificado com a maturidade psicológica de cada um e a educação que recebe. Existem, pois, o ritmo individual e o coletivo, isto é, o ritmo derivado de um conjunto de pessoas.

O estudo do ritmo natural individual começou com a psicologia do trabalho, quando foi necessário analisá-lo e adaptá-lo à máquina. Hoje se dá ao estudo do ritmo a maior importância, pois vida é ritmo. Einstein foi quem disse que "o homem perfeito seria aquele que harmonizasse os ritmos vitais do trabalho, da distração e do repouso".

O ritmo pode ser definido como a sucessão de impressões que se repetem com igualdade uniforme. Pressupõe repetição e acentuação de certos elementos na série de impressões sensoriais. É o ritmo sensorial que nos leva a perceber as sensações de tato e de olfato. A regularidade da sensação, dá a percepção de periodicidade.

Os diferentes ritmos de nossa fala dependem das pausas que fazemos, dos tempos gastos nas inspirações da modulação, do tempo para pronúncia dos sons das sílabas e palavras e da velocidade.

Uma dicção clara e compassada transmite-nos calma. Alguém falando excessivamente rápido nos demonstra nervosismo e nos passa inquietude. Contudo, se houver muita lentidão a mensagem será prejudicada.

Em leituras ou falas decoradas, o expositor, às vezes, quer falar tudo de uma vez e aumenta a velocidade interferindo na fala, empobrecendo a entonação e a ênfase, e tirando a clareza do texto.

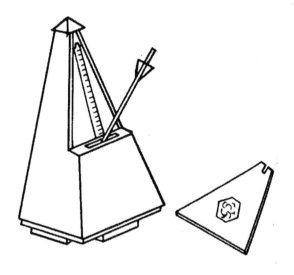

O metrônomo serve para marcar o ritmo e a velocidade da música e da fala.

A velocidade dos andamentos foi padronizada e codificada, com a invenção de um aparelho que se chamou metrônomo e cujo aperfeiçoamento, pelo holandês Maëlsel, data do século XIX.

É constituído por uma caixa em forma de pirâmide de base quadrada, com um mecanismo de relógio que aciona uma haste oscilante de movimentos regulares, tendo na extremidade um contrapeso que regula a velocidade dos andamentos.

O deslocamento do contrapeso, ao longo da haste graduada, vai corresponder ao número das respectivas expressões de andamento. A graduação da escala vai de 40 a 208, e nela se encontram as seguintes relações:

TERMOS	GRADUAÇÃO	SIGNIFICADO
Grave	0 = 44	Grave, muito lento
Largo	0 = 48	Devagar
Larghetto	0 = 50	Um pouco menos devagar
Lento	0 = 52	Lento
Adágio	0 = 54	Com comodidade, pouco a pouco
Andante	0 = 60	Andando, menos que o anterior
Andantino	0 = 66	Menos que andante
Moderato	0 = 80	Moderação
Allegretto	0 = 100	Movido, pouco alegre
Allegro	0 = 116	Alegre
Vivace, Vivo	0 = 126	Animado, vivo
Presto	0 = 144	Depressa
Prestíssimo	0 = 184	Muito depressa
Vivacíssimo	0 = 208	Muito animado, muito vivo

Se você não sabe manusear um metrônomo peça ajuda a um professor ou estudante de música.

Marcando o ritmo com um metrônomo, conte um fato. No início parece difícil entrar em harmonia com as marcações de tempo. Isso é normal. Você vai descobrir que o uso das pausas, da entonação e da acentuação das palavras possibilitarão a coincidência, cada vez maior, da sua fala com as batidas do metrônomo. A técnica moderna nos oferece hoje, metrônomos menores e práticos.

Texto de livro espírita exercitando o andamento: as pausas, a entonação, a acentuação das palavras coincidindo com as batidas do metrônomo.

Resposta à pergunta 147 de *O Consolador:*

147 – "Proporciona a morte mudanças inesperadas e certas modificações rápidas, como será de desejar?

— A morte não prodigaliza estados miraculosos para a nossa consciência.

Desencarnar é mudar de plano, como alguém que se transferisse de uma cidade para outra, aí no mundo, sem que o fato lhe altere as enfermidades ou as virtudes, com a simples modificação dos aspectos exteriores. Importa observar apenas a ampliação desses aspectos, comparando-se o plano terrestre com a esfera de ação dos desencarnados.

Imaginai um homem que passa de sua aldeia para uma metrópole moderna. Como se haverá, na hipótese de não se encontrar devidamente preparado em face dos imperativos da sua nova vida?

A comparação é pobre, mas serve para esclarecer que a morte não é um salto dentro da Natureza. A alma prosseguirá na sua carreira evolutiva, sem milagres prodigiosos."

XIV

LINGUAGEM CORPORAL

GESTO - OLHAR

Se o expositor tem uma postura correta e musculatura relaxada vai permitir maior flexibilidade e expressividade do corpo: o gesto, a forma de olhar, o sorriso, um leve movimento do corpo fornecem a imagem corporal do expositor que deve transmitir equilíbrio emocional. O gesto deve complementar o que se fala com naturalidade e não se desvincular da emoção.

Os movimentos espalhafatosos não devem ser usados, pois desviam os ouvintes do que o expositor quer dizer. Devem acontecer antes ou durante a fala em sincronia com a palavra.

Se você gesticula demais, treine falando sem realizar absolutamente nenhum gesto, mantendo as mãos ao longo do corpo, priorizando a entonação da voz e a expressão facial. Fique na frente do espelho, observe e avalie a intensidade desses elementos, cuidando para não se tornar caricato. Aos poucos solte as mãos, para não movimentá-las demais.

Há quem não saiba o que fazer com as mãos.

Quando isto acontecer, apoie uma sobre a outra na frente do corpo.

O olhar é muito importante na comunicação. Um simples olhar é capaz de transmitir mensagem de afeto, desafio, concordância e interrogação.

Olhe sempre para os ouvintes enquanto estiver falando; evite olhar apenas para uma pessoa, nem dê a impressão de olhar perdido. É bom que os ouvintes se sintam envolvidos.

Além disto, o olhar facilita a projeção vocal. Por isto, olhe para onde você quer que o som chegue e imagine as ondas sonoras de sua voz.

Focalize a voz em 3 ou 4 pessoas distantes umas das outras e vá mudando o foco enquanto fala e a voz envolverá a todos.

De acordo com a visão de Mehrabian, o olhar, os gestos e a movimentação corporal são fatores muito importantes no processo da comunicação.

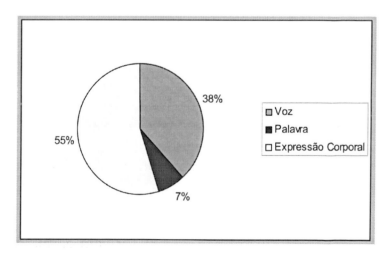

XV

O USO DO MICROFONE

O microfone é um excelente auxiliar na comunicação. Mas precisamos usá-lo corretamente. Há vários tipos, um deles é o microfone com pedestal que possui 2 mecanismos de ajuste: um para abaixá--lo ou levantá-lo, e outro para posicioná-lo a uma distância adequada da boca do palestrante.

Os microfones de lapela são bons porque deixam o orador com possibilidade de se movimentar frente ao público, sendo úteis nas exposições onde são usados recursos audiovisuais mais modernos.

Ao microfone evite produzir ruídos como tosse, espirro, farfalhar de folhas de papel, tamborilar com os dedos, pois serão amplificados juntamente com sua voz.

Ao deglutir, faça-o com os lábios unidos evitando ruídos. Se o microfone for de lapela será ainda mais sensível. Usá-los vai depender da necessidade de cada voz e de cada ambiente. Geralmente, a casa espírita possui microfones comuns e não os mais sofisticados.

Tudo o que descrevemos sobre a voz deve ser levado em consideração até mesmo utilizando-se o microfone, com exceção da projeção vocal, que no caso, se torna desnecessária. O que sucede é que com o uso do microfone os outros aspectos da voz, muitas vezes, são negligenciados, aspectos necessários para uma fala clara e expressiva. Lembre-se: não existe microfone milagroso. Ele é apenas um auxiliar de quem fala. Nunca diga que não sabe ou não gosta de usar o microfone. É obrigação de todo expositor espírita saber usar esse recurso. Se deseja utilizar o microfone convencional segurando--o, para melhor flexibilidade corporal, o microfone deverá ficar na horizontal próximo à boca, nunca na vertical, abaixo do queixo. Ao movimentar a cabeça, o microfone deverá acompanhar o movimento.

XVI

NORMAS DE HIGIENE VOCAL

A higiene vocal consiste em normas que auxiliam à preservação da saúde vocal, como prevenção ao aparecimento de alterações e doenças das pregas vocais.

Muitos são os hábitos nocivos que colocam em risco a saúde vocal. Citarei alguns: o fumo, a poluição, drogas, inclusive o álcool, a alimentação inadequada, as alergias, o ar condicionado, a hidratação, a falta de repouso adequado, o vestuário incorreto e os esportes abusivos, o refluxo gastroesofásico e o uso de medicamentos.

O FUMO

O fumo é extremamente nocivo à voz. A fumaça agride o sistema respiratório e as pregas vocais causando irritação, pigarro, tosse, edema, secreção e infecções. Esperamos que nenhum expositor faça uso do cigarro pois este, vai causar, entre outros males, o pigarro, que é o seu grande inimigo. O ato que chamamos de "limpar a garganta" é altamente prejudicial às pregas vocais. Neste momento, elas se friccionam com força e o ar passa por elas com violência e isto vai acabar irritando as pregas ao invés de solucionar o problema. Recomenda-se, ao sentir vontade de pigarrear, que se dê uma "fungada" súbita, que certamente desalojará o muco; em seguida você deve engoli-lo. Não se assuste: a pessoa normal engole mais de um litro de muco todos os dias.

A POLUIÇÃO

Sabe-se que o ar passa pela laringe e pelas pregas vocais. Assim a poluição vai interferir na qualidade da nossa respiração e da nossa voz.

Ela pode produzir alterações vocais e laríngeas agudas ou crônicas que são: rouquidão, sensação de irritação na garganta, tosse, dificuldade de respiração e irritação dos tecidos da boca, língua, nariz e na árvore respiratória.

A poluição não é, apenas, a do ar, mas há a poluição auditiva. Quando expostos a ambientes ruidosos, colocamos em risco a audição, que pode sofrer uma perda irreversível e também a voz, pois nestes ambientes sempre a elevamos tentando nos comunicar e entramos em competição sonora, inconscientemente. Isto acontece numa festa, numa discoteca ou em outros lugares barulhentos. Portanto, deve-se conversar pouco nestes ambientes.

ALIMENTAÇÃO

Nosso organismo tem necessidade de carboidratos, proteínas e gorduras (macronutrientes), vitaminas e sais minerais (micronutrientes) e água, que é essencial para a saúde. Pelo menos, dois litros de água pura será necessário.

Os carboidratos oferecem energia, as proteínas são fundamentais para o crescimento (leite, queijo, carnes, ovos, legumes) e são responsáveis pela massa muscular.

Sendo a produção vocal um processo de gasto energético e se você usa a voz de forma intensa deve consumir proteínas.

Os alimentos muito condimentados causam digestão difícil e dificultam a movimentação do músculo diafragma que é indispensável à respiração, e isto vai prejudicar a função vocal.

Os alimentos do expositor devem ser leves: verduras e frutas bem mastigadas que melhoram a dicção.

Deve-se evitar o uso de chocolates, leite e derivados antes do uso da voz, pois com eles há um aumento da secreção do muco vocal, causando pigarro. Também as bebidas gasosas, que favorecem a flatulência, prejudicam o controle da voz.

O alimento indicado para a limpeza do trato vocal é a maçã que tem propriedades adstringentes, ou seja, que provoca a compressão do trato vocal, e os sucos de laranja e limão, que absorvem o excesso de secreção.

Os alimentos e as bebidas muito geladas causam um choque térmico, ocasionando muco e edema das cordas vocais.

FALTA DE REPOUSO DA VOZ

Se houver muito cansaço com o uso excessivo da voz, não haverá uma produção vocal plena e o indivíduo entrará numa fadiga vocal intensa e num grande cansaço geral.

Após uma noite bem dormida estes sintomas desaparecem. Se acaso persistirem, indica-se uma avaliação a fim de se perceber a existência de lesões nas pregas vocais.

O repouso físico é necessário e também o repouso vocal, que não é um tratamento da voz. O tratamento, no caso, inclui uma mudança de comportamento e o conhecimento das técnicas corretas de emissão, que se obtém ao se consultar um profissional da área.

VESTUÁRIO INCORRETO

O vestuário interfere negativamente de três maneiras na produção da voz: por compressão, alergia e postura.

Se você comprime a região do pescoço, onde se encontra a laringe, usando golas, gravatas, colares e lenços ou usa cinto, cintas elásticas e faixas no abdômen onde se encontra o músculo diafragma,

COMUNICAÇÃO ESPÍRITA 107

importante para a fonação estará interferindo, de forma negativa, não só na sua voz, mas em todo o seu corpo.

Contaram-me que, certa feita, um senhor vivia sempre se queixando de dores de cabeça. Ia aos médicos e tomava muitos remédios, mas não conseguia se livrar da dor.

Depois de algum tempo, resolveu fazer um terno novo e algumas camisas novas e foi ao alfaiate. Este, ao tirar suas medidas, constatou que o colarinho da roupa que usava, estava muito apertado e fez as camisas com outra medida. Consequência: a dor de cabeça passou e ele não precisou mais dos medicamentos.

Também se você tem alergia a determinadas fibras como a lã deve evitar o seu uso, preferindo tecidos de fibras naturais.

ESPORTE

Para a saúde do corpo o esporte é sempre recomendado; assim como para a produção vocal, com mais chances de manter as vozes sem sinais de envelhecimento.

A natação e o caminhar são indicados. Os que exigem movimentos violentos de braços como tênis, basquete, boxe, vôlei e musculação, devem ser evitados, pois estes centralizam a tensão muscular no pescoço, costas, ombros e tórax.

Geralmente, o professor de ginástica sofre de

problemas vocais, pois enquanto explica o exercício, o demonstra e repete muitas vezes as frases e palavras. Voz junto à manobra física é prejudicial.

Lembro-me de um caso de um aluno que veio estudar comigo: quero aprender a cantar, disse ele. Logo em seguida, começamos os exercícios. Sua voz era rouca. Perguntei: – qual a sua profissão? Ele me respondeu: – professor de ginástica. Expliquei como ele deveria agir para poder continuar o estudo de canto. Mas para ele era impossível. Já estava acostumado a cometer aqueles abusos. O canto era antagônico ao que ele fazia e ser professor de ginástica era o seu emprego. Acabou desistindo de cantar.

AR CONDICIONADO

O ar condicionado produz uma agressão às cordas vocais. O resfriamento do ambiente vem com a redução da umidade do ar, o que fornece o ressecamento do trato vocal, que vai levar à produção de uma voz com esforço.

Para ajudar, deve-se ingerir constantemente água na temperatura normal, durante o tempo em que se estiver no ambiente de ar condicionado.

HIDRATAÇÃO

A água é elemento vital para o nosso corpo e a nossa produção vocal depende dela. O ideal é bebermos 2 litros de água por dia, ou melhor, 8 a 10 copos. Lembramos que o líquido não passa pelas pregas vocais, mas pelo esôfago e que esta hidratação é de forma indireta.

É aconselhável que antes de uma exposição longa, o indivíduo hidrate-se tomando 4 a 6 copos antes do uso da voz, nunca durante e nem gelada.

O pigarro persistente e a saliva grossa indicam sinais de hidratação insuficientes. Portanto, beba água.

ALERGIAS

O indivíduo alérgico é um indivíduo hipersensível. Os agentes que desencadeiam a alergia, são chamados alérgenos. Os principais são: poeira, flores, perfumes, inseticidas, dedetizadores, cosméticos e alguns alimentos como leite e enlatados.

Um indivíduo pode ser alérgico apenas a um fator ou a vários. Os profissionais de voz devem se esforçar para evitar o contato com as substâncias que desencadeiam as crises e devem seguir corretamente as orientações médicas. O tratamento com descongestionantes e anti-histamínicos ressecam, prejudicando a voz. É importante que a alergia seja controlada e o agente causador identificado.

Podemos ainda acrescentar aos fatores de risco o refluxo gastroesofágico e os medicamentos.

REFLUXO GASTROESOFÁGICO

Atualmente, reconheceu-se a relação entre refluxo gastroesofágico e os problemas de voz.

Refluxo é a passagem do suco gástrico para o esôfago, que vai banhar a laringe e as pregas vocais. Seus sintomas são azia, pigarro constante, problemas digestivos vários.

Ele é favorecido por alimentos gordurosos e condimentados, cafeína, leite, achocolatados, refrigerantes, bebidas gasosas, frituras e produtos dietéticos. Todos eles devem ser consumidos em doses reduzidas.

Medidas para evitar que o refluxo atinja a laringe é a elevação da cabeceira da cama, e nunca se deitar após se alimentar esperando que a digestão aconteça.

MEDICAMENTOS

A automedicação é uma prática comum, infelizmente, entre nós e, é um sério risco. Os analgésicos, os antibióticos, os sprays nasais, as medicações antitussígenas, os anti-histamínicos, os diuréticos, os tranquilizantes, quando necessários, devem ser tomados com cautela e recomendação médica.

XVII

PERFIL DE COMPORTAMENTO VOCAL

Usar corretamente a voz é garantir a saúde vocal. Se a voz ultrapassa os limites saudáveis temos o abuso vocal, como falar demais ou em intensidade excessivamente forte. Já o mau uso vocal se caracteriza por desvios dos padrões da emissão ou por desconhecimento das normas de produção vocal, ou ainda, por querer imitar um modelo não muito adequado.

MAU USO VOCAL – falar muito grave ou agudo demais em relação ao seu aparelho fonador e sua constituição física.

Muitos atos de abuso vocal encontram explicação na esfera psicológica. São os que falam forte demais para demonstrar autoridade ou para se exibirem.

O mau uso vocal é, geralmente fisiológico, pois o indivíduo usa a forma errada por desconhecer a técnica correta. Estes conceitos se entrelaçam.

Apresentamos, a seguir, uma lista de comportamentos que incluem situações de abuso e mau uso vocal e condições adversas à saúde vocal.

Assinale os itens que representam respostas positivas para você e marque também a frequência de ocorrência dessas situações. Marque 1 ponto, se o item é de rara ocorrência; marque 2 pontos, se for de baixa frequência; marque 3 pontos, se a ocorrência for elevada; e, finalmente, marque 4 pontos, se a ocorrência for constante. Some os pontos obtidos e busque seu tipo vocal na classificação apresentada: o comportado; o candidato a problemas vocais; o risco sério ou o campeão de abusos. Na dúvida, consulte um especialista!

LISTA DE SITUAÇÕES DE ABUSO E MAU USO VOCAL

- Fala em grande intensidade   (voz forte)
- Fala durante muito tempo
- Fala agudo demais   (muito fino)
- Fala grave demais   (muito grosso)
- Fala sussurrando
- Fala com os dentes travados
- Fala com esforço
- Fala sem respirar
- Fala enquanto inspira o ar
- Usa o ar até o final
- Fala rápido demais
- Fala junto com os outros
- Fala durante muito tempo sem se hidratar
- Fala sem descansar
- Articula exageradamente as palavras
- Fala muito ao telefone

COMUNICAÇÃO ESPÍRITA

- Fala muito ao ar livre
- Fala muito no carro, metrô ou ônibus
- Pigarreia constantemente
- Tosse demais
- Ri demais
- Chora demais
- Grita demais
- Trabalha em ambiente ruidoso
- Vive em ambiente familiar ruidoso
- Vive com pessoas com problema de audição
- Mantém rádio, som ou TV ligados enquanto fala
- Imita vozes dos outros
- Imita vários sons
- Usa a voz em posturas corporais inadequadas
- Pratica esportes que usam a voz
- Frequenta competições esportivas
- Participa de grupos religiosos com grande uso de voz
- Tem alergias
- Usa a voz normalmente quando resfriado
- Toma pouca água
- Permanece em ambiente com ar condicionado
- Vive em cidade de clima muito seco
- Vive em cidade com ar muito poluído
- Permanece em ambiente empoeirado, com mofo ou pouca ventilação
- Expõe-se a mudanças bruscas de temperatura
- Toma bebidas geladas constantemente
- Toma café ou chá em excesso
- Come alimentos gordurosos ou excessivamente condimentados

- Come alimentos achocolatados em excesso
- Fuma
- Vive em ambiente de fumantes
- Toma bebidas alcoólicas destiladas
- Usa drogas
- Faz automedicação quando tem problemas de voz
- Dorme pouco
- Canta demais
- Canta fora de sua extensão vocal
- Canta em várias vozes
- Usa roupas apertadas no pescoço, tórax ou cintura
- Apresenta azia
- Apresenta má digestão
- Tem refluxo gastroesofágico
- Tem vida social intensa
- Tem estresse

(adaptado de: VILLELA & BEHLAU, 1988)

SOME SEUS PONTOS: _____

CLASSIFICAÇÃO DO COMPORTAMENTO VOCAL

Tipo 1. Até 15 pontos - O comportado vocal
Você não tem propensão para desenvolver um problema de voz. Parabéns, pois você respeita os limites do organismo! Siga assim que estará contribuindo para a sua longevidade vocal.

COMUNICAÇÃO ESPÍRITA   115

Tipo 2. De 16 a 30 pontos - O candidato a problemas de voz

Você tem tendência para desenvolver um problema de voz e, talvez, já apresente alguns sinais e sintomas de alteração vocal - a chamada disfonia. Você está em uma situação onde um acontecimento estressante adicional ou um simples aumento do uso da voz na atividade profissional podem levá-lo a um sério risco vocal. Você precisa ser avaliado por um especialista!

Tipo 3. De 31 a 50 pontos - O risco sério

Você tem se arriscado demais e pode vir a perder um dos maiores bens que possui: sua voz! Talvez você já apresente uma disfonia e já tenha recorrido a um especialista. Siga corretamente a orientação e o tratamento indicados.

Tipo 4. Acima de 51 pontos - O campeão de abusos vocais

De duas uma: ou você sofre de um problema de voz crônico ou apresenta uma resistência vocal excepcional, acima do normal! Se você tem um problema de voz, sabe o quanto esta situação interfere negativamente em sua vida, e como este fato representa uma sobrecarga adicional em casa e no trabalho. Conscientize-se da necessidade imediata de desenvolver comportamentos vocais adequados e saudáveis. Melhore seu ambiente de comunicação! Se você ainda não consultou um especialista, é melhor não adiar. Busque orientação!

XVIII

ATENÇÃO AOS PROBLEMAS DA VOZ

Mara Behlau e Paulo Pontes em seu livro *Higiene Vocal* chamam atenção para os problemas da voz:

"As normas de higiene vocal são simples de serem seguidas, devendo portanto, ser respeitadas, para que se evite o estabelecimento ou piora de problemas de voz, as chamadas disfonias.

Caso se observe voz alterada, persistente por mais de 15 dias, dor ao falar, sensação de esforço, aperto, ardor, queimação ou cansaço vocal, procure um fonoaudiólogo ou um médico otorrinolaringologista. Problemas de voz podem colocar sua profissão e, até mesmo, sua vida em risco, mas são facilmente tratados quando correta e precocemente identificados.

Um câncer de laringe pode começar com uma rouquidão semelhante a de um resfriado. Infelizmente, a cidade de São Paulo apresenta uma das maiores estatísticas mundiais de câncer de laringe. Se o sintoma de rouquidão fosse levado a sério, teríamos condição de realizar um diagnóstico precoce e de oferecer um tratamento menos agressivo, como a retirada total da laringe. Portanto, qualquer rouquidão persistente por mais de duas semanas deve ser avaliada adequadamente.

O médico otorrinolaringologista é o médico especialista nas afecções do ouvido, nariz e garganta, cujo título de especialista é conferido pela Sociedade Brasileira de Otorrinolaringologia – SBORL, após concurso de título. Quando existe um sintoma ou uma queixa de voz, o médico realiza uma avaliação completa, que além do exame de rotina do ouvido, do nariz e da garganta, inclui a visualização da laringe e a análise da movimentação das pregas vocais."

Você mesmo pode identificar um problema de voz. Responda ao questionário abaixo.

Assinale os itens em que sua resposta é positiva:

- Você tem ou já teve algum problema de voz?
- Alguém já comentou que sua voz é diferente e você entendeu o comentário de forma negativa?
- Você acha que sua voz combina com seu corpo?
- Você acha que sua voz combina com a sua personalidade?
- Você gosta do som de sua voz gravada?
- Você acha que sua voz é rouca, fina, grossa, fraca ou forte demais?
- De manhã sua voz é rouca ou fraca?
- Você fica rouco frequentemente?
- Você usa sua voz de forma intensiva?
- Você grita demais?
- Você fala demais ao telefone?

- Sua voz fica rouca ou fraca após um dia de trabalho?
- Você sente falta de ar durante a fala?
- Você faz força para ser ouvido?
- As veias ou os músculos do pescoço saltam enquanto você fala?
- Sua voz some ou muda repentinamente de tom?
- Sua voz quebra, some ou desafina quando você canta?
- Você fuma há muito tempo ou em grande quantidade?
- Você toma bebidas alcoólicas destiladas diariamente?
- Você tem alergia respiratória ou resfriados constantes?
- Você tem azia, queimação no esôfago ou refluxo gastroesofágico?
- Você apresenta alguns desses sintomas na laringe: pigarro, coceira, ardor, dor, sensação de garganta seca, sensação de queimação, sensação de aperto ou bola na garganta?
- Você se automedica quando tem problemas de voz?

Se você assinalou até 4 itens, verifique o que pode ser feito para reduzir essa marca.

Se você assinalou 6 ou mais itens, procure um especialista e peça orientação. Sua voz é muito importante e sua saúde vocal pode estar correndo um sério risco!

(adaptado de: BEHLAU & REHDER, 1997)

XIX

A BIBLIOTECA
DO EXPOSITOR

LIVROS DOUTRINÁRIOS

O espiritismo, em seu tríplice aspecto, nos oferece uma gama infinita de informações que nos chegam através da sua literatura.

Entende-se por literatura o conjunto de trabalhos literários de um país ou de uma época (Aurélio). Neste conjunto incluem-se os livros didáticos e também a literatura espírita muito variada, como já dissemos. Classificamos os livros espíritas em:

Livros Básicos
O Livro dos Espíritos (1857)
O Livro dos Médiuns (1861)
O Evangelho segundo o Espiritismo (1864)
O Céu e o Inferno (1865)
A Gênese (1868)
Revista Espírita
O que é o Espiritismo
Obras Póstumas

É preciso que se diga que estes livros, quando da sua leitura e estudo a fundo, nos levam a não nos confundirmos com ideias outras, que embora muito dignas de respeito, não são ensinamentos de fundo espírita.

Livros Clássicos

Chamamos de livros clássicos aqueles escritos aprofundando o espiritismo. Tais são os livros de Léon Denis, Camille Flammarion, Ernesto Bozzano, César Lombroso, William Crockes, Gabriel Delanne, Mariotti e os autores brasileiros Carlos Imbassahy, José Herculano Pires, Deolindo Amorim, Leopoldo Machado (de saudosa memória), Inácio Ferreira e outros.

Livros subsidiários

Os que têm origem mediúnica através de vários médiuns como Chico Xavier, Divaldo Franco, Yvonne do Amaral Pereira, Waldo Vieira, Zíbia Gasparetto com páginas de Emmanuel, André Luiz, Humberto de Campos, Joanna de Ângelis, Bezerra de Menezes, Manoel Philomeno de Miranda etc.

Há também os da lavra dos encarnados: Jorge Andréa dos Santos, Hermínio Miranda, Carlos de Toledo Rizzini, Wilson Garcia, Eliseu Rigonatti, Clóvis Ramos, Richard Simonetti, Celso Martins, Carlos Bacelli e muitos outros.

O expositor espírita deverá acompanhar os progressos da Doutrina — essencialmente dinâmica — por intermédio de jornais e revistas espíritas, atualizando-se continuadamente.

Kardec, em *Obras Póstumas*, preconizava no Projeto de 1868 um curso regular da Doutrina a fim de unificar seus princípios e de esclarecer seus adeptos

COMUNICAÇÃO ESPÍRITA

que teriam a capacidade de espalhar as ideias por todo o mundo; razão porque a FEB e as Federações Estaduais implantaram, e hoje está muito difundido nas Casas Espíritas, o ESDE (Estudo Sistematizado da Doutrina Espírita).

Recomendamos ainda que o expositor espírita possua, para consulta, os livros que poderíamos chamar de recursos facilitadores, tais como:

Espiritismo de A a Z – Edição FEB

Doutrina Espírita no Tempo e no Espaço - Panorama

Vade-Mecum Espírita – Edições FAE

Guia ao Expositor Espírita – Edições FEESP

Guia para Estudo da Doutrina Espírita – SEJA

Chave Bíblica – Sociedade Bíblica do Brasil

As revistas espíritas também podem ser lidas e consultadas: *O Reformador, Universo Espírita e outras*

LEITURAS PARALELAS

A leitura constante de bons autores, até mesmo não espíritas, nos fornecerá material para a melhoria da gramática e do vocabulário. Há uma variedade de escritores brasileiros e portugueses, de poetas, cronistas, romancistas, cuja leitura nos dará a chave de como construirmos uma frase agradável com gosto e arte.

A ampliação dos horizontes culturais é importante, e isto acontece lendo compêndios de história, geografia, filosofia, música, poesia e outros assuntos, para que se possam fazer comentários mais atraentes e correlacioná-los aos da doutrina sem que esta correlação desvirtue o pensamento da doutrina espírita.

CONHECIMENTO DA LÍNGUA PÁTRIA

Muito importante para o expositor é estudar a sua língua, evitando os erros de português, que empobrecem a palestra e que soam mal aos ouvidos das pessoas mais entendidas.

Erros comuns nas exposições

Concordância nominal (do adjetivo, do advérbio, dos pronomes e dos artigos com o substantivo).

Concordância verbal (entre o sujeito e o predicado).

Alguns verbos não admitem o plural. Deve-se falar: houve muitos acidentes e não houveram. Faz vinte anos... e não fazem vinte anos.

Deve-se prestar atenção no eu e no mim. O eu é antes do infinitivo.

Isto é para eu fazer. O mim se usa no final das frases. Isto é para mim. Atenção ao advérbio meio (advérbio de intensidade). Não se diz: estou meia sonolenta porque meia é metade de algo e meio é um advérbio de intensidade e deve ser masculino por ser invariável.

O plural das palavras deve ser pronunciado. O tempo dos verbos deve merecer atenção: o verbo ver e o verbo vir.

Aconselhamos o uso de livros esclarecedores sobre os assuntos de português. Hoje há guias práticos da língua portuguesa e livros que procuram

COMUNICAÇÃO ESPÍRITA

descomplicar as dificuldades do nosso idioma como *Português Descomplicado* de Carlos Pimentel da Editora Saraiva.

A consulta à gramática e aos dicionários deve ser constante. Rui Barbosa, antes de redigir um texto, recolhia os sinônimos das palavras e, só depois, preparava o seu discurso, tendo cuidado de não repetir o mesmo vocábulo.

Não se pede ao expositor espírita que seja letrado, mas que utilize os dicionários e as gramáticas com propriedade.

XX

RECURSOS AUDIOVISUAIS

Por nenhum motivo, desprezar o apuro e a melhoria dos processos técnicos no aprimoramento constante das programações, a fim de não prejudicar a elevação do ensino.

André Luiz

A utilização dos recursos audiovisuais enriquecerá a exposição e ajudará a prender a atenção da plateia. Pesquisas feitas na área audiovisual provam que aprendemos:
- 1% através do gosto;
- 1,5% através do tato;
- 3,5% através do olfato;
- 11% através da audição;
- 83% através da visão e que retemos:
- 10% do que lemos;
- 20% do que executamos;
- 30% do que escutamos;
- 50% do que vemos e escutamos;

e que os dados retidos depois de 3 horas, quando oral e visual simultaneamente são de 85%. Daí a importância da utilização desses recursos.

Os recursos audiovisuais que podem ser usados numa exposição são:
1. o quadro de giz e/ou acrílico;
2. o retroprojetor;
3. os cartazes;
4. os diapositivos;
5. os recursos vivos.

Pode-se usar também o laptop, os filmes, os vídeos.

Vejamos o mais simples: *o quadro de giz ou acrílico*
Como usá-lo?

- Fale antes e escreva depois.
- Posicione-se lateralmente ao quadro durante a escrita, para que todos possam acompanhar suas ideias.
- Faça letra legível, tamanho adequado para que os que estiverem no final do auditório possam ler, usando de preferência, giz de cor.
- Certifique-se, antes da exposição, se os pincéis estão bons e se o apagador está limpo e se existe giz à disposição.

Se você colocar a informação a ser dada anteriormente no *quadro:*

- aponte com uma antena pequena ou vara, a informação desejada;
- olhe para o quadro o suficiente, apenas, para ler ou indicar a informação, pois a sua comunicação visual é importante.

COMUNICAÇÃO ESPÍRITA   129

Na ocasião de utilizar o *retroprojetor* faça o seguinte:

- conheça o funcionamento do aparelho, antes do início da exposição;
- faça você mesmo a projeção;
- auxiliado por outra pessoa, faça um sinal discreto ao seu ajudante no momento de trocar a transparência para não desconcentrar os ouvintes;
- prepare as lâminas cuidadosamente e numere--as. Para uma boa leitura dos ouvintes utilize letras grandes.
- posicione com cuidado a tela para a projeção em local e altura onde todos possam enxergar;
- para apontar algum dado, utilize o apontador a laser ou aponte na transparência sobre a mesa de projeção, com uma caneta ou lápis.

Cartazes são recursos simples para expor imagens e tópicos escritos, desenhos e recortes e servem para fixar a atenção e estimular a memória dos ouvintes.

Diapositivos ou slides – é necessário que se tenha um projetor próprio. É recurso recomendado para salas pequenas.

Recurso vivo – levar objetos à tribuna e estabelecer relação entre eles para ilustrar o tema.

Mas há critérios a observar para o uso adequado dos recursos audiovisuais:

- não utilizar só porque está na moda;

- não adotar o recurso cuja maneira de empregar não seja conhecida;
- escolher sempre o que possa aumentar o interesse, a percepção e a atenção;
- observar se a Casa Espírita oferece infra-estrutura para a utilização do recurso a ser utilizado.

A tecnologia moderna tem equipamentos fantásticos, porém não se deve transformar a apresentação em um show de telões, slides, vídeos, deixando de lado a mensagem.

XXI

A CONTRIBUIÇÃO DA POESIA NA EXPOSIÇÃO ESPÍRITA

> *A poesia é uma Revelação. No peito do poeta vive toda a humanidade com suas alegrias e dores; e toda história sua é um Evangelho....*
> Hebbel

Existe profunda relação entre espiritismo e poesia.

Tobias Pinheiro, jornalista, escritor, poeta, trovador, nos diz qual a relação entre espiritismo e poesia.

"A influência do espiritismo na poesia e da poesia no espiritismo em quase nada se modificam, pois espiritismo e poesia são temas, revelações, princípios e grandezas morais de que o homem se utiliza para consolar-se quando sofre.

Com a poesia, a dor é mais suave; com o espírito é mais pura.

A poesia encanta, e o espírito conforta.

A poesia é o entendimento, às vezes, fugindo da razão, e o espiritismo é a própria razão de ser, atingindo o entendimento.

Aquela é o que se enleva e este é a verdade que se impõe.

Há, portanto, entre o espírito-filosofia, ciência, doutrina e a poesia-arte, harmonia, beleza, grande afinidade, caracterizada até mesmo pela concentração, ponto elementar e fundamental a exigir do espírito e do poeta, a inspiração divina para o êxito. Dessa afinidade, dessa identificação, é que surgem as influências a todo instante e em qualquer lugar. Algumas pessoas chegaram à poesia pelo espiritismo, enquanto outras alcançaram a graça do espiritismo pela poesia.

Vasta é a literatura poetizada que gira em torno do espiritismo e, maior ainda, é a doutrina espírita que se expande através da poesia.

Sendo apenas sensível como as flores que recebem o orvalho das madrugadas, e vão, depois, enfeitar e perfumar ambientes, a poesia, que é sentimento, passa a ter a missão das flores, dentro de suas bases doutrinárias e filosóficas. Somente assim, a poesia, essa força que arrastou Dante Alighieri ao paraíso, poderá conduzir a humanidade rebelada pela incompreensão, através do caminho estreito e espinhoso da vida terrena, para os braços abertos de Jesus".

Tobias Pinheiro

POESIA X DOUTRINA

Particularmente, sou favorável ao aproveitamento da poesia mediúnica nas exposições realizadas no nosso meio espírita. Como foi dito, encerram em seu

COMUNICAÇÃO ESPÍRITA

contexto os temas doutrinários, transmitindo, além dos conceitos implícitos, emoção e beleza.

André Luiz em *Conduta Espírita*, na psicografia de Waldo Vieira, nos diz: "A arte deve ser o belo criando o bem". A poesia exige do expositor memorização ou boa leitura, interpretação e boa impostação de voz. Nada mais desagradável do que ouvirmos uma poesia sem a expressividade necessária.

Alguns acham que a poesia mediúnica não traz em si os conhecimentos que precisamos para uma palestra. É claro que não se deverá usá-la indiscriminadamente, mas sim, no seu devido lugar, no momento oportuno de reafirmarmos uma ideia ou um conceito doutrinário.

A obra pioneira no cenário da poesia mediúnica foi *O Parnaso de Além Túmulo*. Nesta obra, tivemos a alegria de constatar a presença de vários temas que podem ser usados em uma exposição e relacionaremos abaixo os assuntos e as páginas.

Página 66 - Prece
Página 68 - Causa-Efeito
Página 72 - Educação, Infância
Página 78 - Causa-Efeito, Loucura
Página 79 - Vingança, Obsessão
Página 86 - 87 - Mãe
Página 92 - Prece
Página 94 - Criança abandonada
Página 95 - Julgamento
Página 96 - 97 - O perdão
Página 98 - Caridade
Página 100 - Reencarnação – Lepra

Página 102 - Desencarnação – Naufrágio
Página 105 - Causa-Efeito
Página 107 - Desencarnação
Página 109 - Desobsessão
Página 117 -Trabalho espírita
Página 121 - 122 - O mundo espiritual
Página 124 - 125 - Prece
Página 126 - 127 - Umbral
Página 127 - Recordação do pretérito
Página 129 - Orgulho
Página 132 - Valor do corpo
Página 134 - Humildade
Página 140 - Fraternidade
Página 144 - Mundo Espiritual
Página 146 - Paz
Página 150 - Sofrimento
Página 152 - Descrição de Além da Terra
Página 156 - Desencarnação
Página 161 - Livre-arbítrio

Se continuarmos a pesquisa, encontraremos implícitas as ideias da doutrina, transmitidas de uma forma bela e verdadeira em todo o livro.

Muitas poesias espíritas existem através de diversos médiuns em livros diversos. Podemos citar poesias de formas variadas, sonetos e poemas e também a forma poética preferida de Adelmar Tavares: a trova.

São eles: *Seara de Fé*, na psicografia de Francisco Cândido Xavier; *O Espírito de Cornélio Pires* com o nosso Chico juntamente com Waldo Vieira; *Cartilhas de Sabedoria* psicografado por Gilberto Campis-

COMUNICAÇÃO ESPÍRITA

ta Guarino; *Praça da Amizade* com Francisco Cândido Xavier; *A Vida Conta* de Maria Dolores na psicografia de Chico; *Lira Imortal* também com nosso Francisco Xavier; *Poetas do Além* idem, a *Flama Espírita* com o médium Carlos A. Baccelli; *Paz e Renovação* com o nosso Chico; *Antologia dos Imortais*, também com Chico e Waldo Vieira; *Antologia da Espiritualidade* de Maria Dolores na psicografia de Chico Xavier; *Flores de Outono* de Jésus Gonçalves também pelo Chico e outros.

XXII

A CONTRIBUIÇÃO DA MÚSICA NA EXPOSIÇÃO ESPÍRITA

A música em qualquer latitude é linguagem universal, é uma dádiva que Deus concede ao espírito para sua ventura eterna, é energia cósmica expressa em sons ao invés de palavras, é a composição sonora que vibra pelo infinito sob a batuta do Regente Divino.

Ramatis

Muitos acham difícil o encaixe da música numa exposição espírita. Assim como na poesia, a música pode ser valioso auxiliar no trabalho.

Idalício Mendes escreve em *Reformador*, de fevereiro de 1979, sobre a música no Espiritismo.

"... quando se diz música, é música delicada, cheia de amor elevado, que santifica e enleva o sentimento de quem a ouve. Não se trata de qualquer música nem de ruídos bárbaros, hoje muito em voga, que não enternecem a alma, mas a perturbam e confundem, provocando, em pessoas de maior sensibilidade, efeitos negativos, deprimentes.

Hoje, muitos adotam a música suave, fina, elevada, como elemento de reforço à concentração, como preparação do ambiente para a realização das sessões, nas quais é indispensável. Outros mantêm a música, sempre em surdina (bem controlado o volume do som) como meio de facilitar a atenção à palavra do pregador, à leitura do texto evangélico. Sempre, porém, música de categoria melódica."

Em *Presença Divina Através da Música*, nos diz A. Carneiro da Silva:

"Diversos trabalhos espíritas, para maior eficiência, se beneficiam de música apropriada e esta não será, naturalmente, a música mundana, fútil, criada para a dança e o lazer, também não será aquela criada como expressão de paixões e dos sentimentos animalizados do homem, mas sim, a música serena, a melodia suave que enleva o espírito e o transporta a esferas celestiais, a música harmoniosa cujas vibrações correspondem às dos sentimentos de fé, amor e alegria".

Para preparar o ambiente, auxiliar as vibrações, apaziguar os corações, ajudar a emissão de fluidos, para saturar o ambiente de vibrações elevadas, para tudo serve a música, conquanto não represente um ato ritual, mas simplesmente preparatório e auxiliar, nos trabalhos espíritas". (*Pontos da Escola de Médiuns – Tomo IV – FEESP*).

A música flui beneficamente nas reuniões de efeitos físicos.

I. R. Ranieri, em seu livro *Materializações luminosas*, escreve que a "música influi poderosamente na 'aglutinação fluídica' do ambiente e na modificação para melhora dos pensamentos e sentimentos dos presentes, pois a música atua diretamente no organismo perispiritual, fazendo-o vibrar intensamente, de acordo com a capacidade de sintonia de cada um."

Leopoldo Machado se expressa sobre o cabimento da música no meio espírita:

"Que será que, belo e puro, educativo e espiritualizador, não pode caber no Espiritismo?" E, em seguida, complementa, como que respondendo a si mesmo.

"Penso, de minha parte, que já é tempo de arejar os ambientes espíritas com música mais leve, mais pura, mais agradável e menos compatível com o ambiente de 'câmara ardente' que muitas sessões espíritas conservam..."

E Carlos Imbassahy opinava sobre o assunto em pauta:

— "Ela é muitas vezes necessária à produtividade do fenômeno; é, em certas ocasiões, indispensável ao preparo do ambiente e, iniludivelmente, benéfica ao médium". E conclui: "Parodiando Pitágoras, caber-nos-ia dizer, apontando para o templo da Espiritualidade: — "Aqui não poderá entrar quem vir na arte uma incompatibilidade qualquer"...

Edgard Armond, em *O Semeador*, de agosto de 1970, fala sobre a música: "A Doutrina Espírita, por si mesma, não reprova a música adequada em seus trabalhos práticos, ao contrário, a recomenda desde a codificação, por ser elemento de alto valor inspirativo, igualmente como sucede nas atividades dos planos espirituais superiores".

Em geral, as mocidades espíritas possuem músicas que são por eles, jovens, cantadas em suas reuniões no início e no fim de seus estudos, como meio de harmonização do ambiente, letras que falam de vários temas doutrinários e humanos com vistas ao nosso despertar através da arte musical. A única dificuldade, destas músicas, achamos nós, é não possuírem todas as partituras ou cifras para ajudar no acompanhamento instrumental. Esta será, certamente, uma nova fase, que, aliás, já acontece em alguns lugares deste nosso país.

Vamos exemplificar uma palestra com música. Se vamos falar do tema Reencarnação, cantaremos ou colocaremos para tocar uma música que fale sobre o tema após ou antes da palestra. Já fizemos isto algumas vezes com êxito em algumas exposições.

Temos vários compositores que emergem das nossas COMEERJ, dos nossos Encontros e Seminários, dos nossos Grupos Teatrais. Estão por aí, por este país imenso, cantando a doutrina. Só que nós não escutamos. Às vezes, não conseguimos nem ouvir o canto dos pássaros que gorjeiam nas nossas janelas, nos nossos jardins e nas nossas varandas?! E o pior: não temos ouvidos para ouvir a grande música que existe em cada coração que nos cerca!

Conhecemos muitas melodias. E elas são usadas por nós, até mesmo nas sessões de desobsessão, para aliviar o sofrimento dos nossos irmãos angustiados que nos chegam, às vezes, deprimidos, e, outros, agressivos. E porque a música tem o poder de harmonizar os corações (o que, aliás, deve ser a função de toda arte) eles se vão menos aflitos e até, às vezes, felizes. O Clube de Arte tem espalhado CDs por todo

COMUNICAÇÃO ESPÍRITA

141

o Brasil com músicas de vários autores, cantadas por cantores espíritas que se dedicam a este mister.

Vamos agora lembrar um poeta e compositor. Quem desconhece Cabete? Quem não gosta de sua música?

Certa feita falamos de Deus, de sua bondade e misericórdia. Usamos poesia e usamos música. A música *Quem?* de Cabete. Todos gostaram. O ambiente se tornou luminoso.

Sua música nos envolve de poesia e de apelos ao Senhor e à natureza.

> "Há gemidos de aflição!
> Já não há mais primaveras...
> Criancinhas pedem pão.
> Homens lutam como feras!"
> São também apelos ao Senhor!
> "Vem Senhor!
> Vem reflorir os caminhos!
> Vem Senhor!
> Vem, perfumar corações!
> Exterminar a dor
> E fazer calar os canhões..."

A ideia de Deus nos enviou Cabete através da música *Quem?*

"Quem criou o sol e a Terra
As estrelas e o luar?
Quem criou a imensidão
Do azul do céu e do mar?"

Sua gratidão ao Criador sentimo-la em "Gratidão a Deus"

"Deixe de chorar!
Volte a sorrir!
Você é tão feliz!
Volte a cantar!
Seja grato a Deus
Ele sempre abençoa
Os filhos Seus..."

Ele nos transmite toda a beleza do "Cair da Tarde"

"Ao cair da tarde
Quando o sol vai se escondendo
E a Terra adormecendo
Num berço de luz...
Ao cair da tarde
A paisagem se engalana
Sinfonia soberana
De amor que a Deus conduz!"

Toda a natureza canta com Cabete! E nós nos curvamos ante sua bendita inspiração, que hoje está muito mais apurada no Plano Espiritual!

Será preciso ter grande voz, ser cantor para isto ou

COMUNICAÇÃO ESPÍRITA   143

ser um maioral da palavra para ser expositor? Não, mas talvez um pouco de técnica com a que apresentamos aqui neste livro para os expositores, seja bom. Se continuarmos a cantar em nossas preleções, dando a cada ouvinte a letra da música, eles acabarão cantando conosco naquele instante, ou aprendendo mais uma melodia e uma letra espiritualizada, diferente das que andam por aí fazendo sucesso passageiro. Garanto que, daqui a alguns anos, ninguém se lembrará delas. Mas a música espiritualizada, agora que estamos a caminho da Regeneração, garanto que será aceita e aproveitada.

Os antigos cristãos cantavam nas catacumbas, seus cantos subiam aos céus como preces e louvores ao Senhor Jesus. E na hora extrema do martírio quando tantos eram atirados às feras ou às fogueiras, no plano espiritual, os espíritos iluminados — os Benfeitores dos Planos Maiores — entoavam seus hinos amenizando as dores dos irmãos em testemunho.

Amenizemos nós, as nossas dores e as do próximo cantando, cantando, cantando...

XXIII

RECOMENDAÇÕES GERAIS AOS EXPOSITORES

De início, falaremos sobre dois vícios de linguagem que atormentam o expositor e também os ouvintes. Um deles é o vício "né". Certa vez, contei mais de 35 "nés" numa palestra de 50 minutos. Isto provoca um certo descontentamento entre as pessoas. Sempre que perceber a entonação da pergunta, mude a maneira de falar procurando fazer uma afirmação. Outro vício é do "ã ã ã" ou "hum" no início das frases ou durante as pausas. É como se você quisesse avisar que já sabe o que pretende anunciar, mas não encontrou as palavras. Aprenda a pensar em silêncio.

Agora, voltemos a atenção para o público espírita. Ele é quase sempre carente de ensinamentos que consolem e esclareçam e o expositor deve atingir estes objetivos. Portanto, a exposição doutrinária deve ser feita de forma clara e lógica sem se prender a comentários pessimistas.

Quando afirmar algo, esta afirmação deve ter suporte na doutrina e não nas nossas possíveis conclusões; e, se afirmar alguma ideia não esquecer de afirmar a autoria.

Geralmente, a leitura não é um hábito entre os espíritas que vêm ao Centro em busca de passes e orientação apenas. Assim, deve-se estimular o estudo, apresentando a bibliografia em que for baseada a exposição e tecendo comentário sobre as obras consultadas.

XXIV

AUTOAVALIAÇÃO DO EXPOSITOR

O expositor deve ter sempre vontade de se melhorar, aceitando críticas e não melindrando-se com ideias outras ou sugestões que possam aparecer durante seu trabalho.

Na sua auto-avaliação, o expositor deve observar se está estudando a doutrina convenientemente, se tem interesse em melhorar a sua técnica de exposição através de leitura de livros sobre o assunto (como falar bem) para poder corrigir os possíveis erros que apareçam durante a exposição.

Gravação das palestras, ouvindo-as e analisando-as são bons recursos de avaliação. Aceitar também a opinião de outras pessoas entendidas no assunto, sem se ofender com as possíveis críticas, traz resultados favoráveis, exercitando com isto a humildade.

Luiz Signates apresenta em seu livro *Caridade do Verbo*, 3 Tabelas de Avaliação que pedimos permissão para inseri-las por julgá-las importantes.

TABELA 1 – AVALIAÇÃO DOS RESULTADOS DA PREPARAÇÃO

(Faça cópia da tabela. Numere e date. Preencha após a palestra, e/ou peça para alguém de sua confiança que o faça durante sua alocução).

- O tema foi apropriado à circunstância?
- A pesquisa foi suficiente?
- O conteúdo doutrinário foi rico?
- Houve momentos de abordagem criativa e interessante?
- A preparação baseou-se em Kardec?
- O estudo foi proveitoso e suficiente?
- O esboço foi seguido integralmente?
- O esboço precisa ser melhorado?
- A palestra foi escrita?
- A introdução teve tamanho apropriado?
- A introdução despertou interesse?
- O corpo explicou bem o assunto?
- A conclusão foi curta e expressiva?
- Colocou narrativa e/ou poema na palestra?
- Onde o esboço não foi seguido, ficou melhor?
- Omitiu as opiniões pessoais, sem base doutrinária?

NOTAS: A - SIM; B - NEM TANTO; C - NÃO

(ótimo)   (ainda pode melhorar) (modifique, melhore isto)

(Anote outros itens que julgue interessantes para a avaliação).

TABELA 2 - AVALIAÇÃO DOS RESULTADOS DA ALOCUÇÃO

(Faça cópia da tabela. Numere e date. Preencha após a palestra, e/ou peça para alguém de sua confiança que o faça durante sua alocução).

- Chegou ao local da palestra com antecedência?
- Evitou conversações antes da palestra?
- O tempo previsto foi cumprido (margem de 10%)?
- A historieta foi bem narrada (se houve)?
- O poema foi bem declamado (se houve)?
- Utilizou — e bem — recursos exteriores?
- Demonstrou tranquilidade e segurança?
- O volume da voz foi ideal para a plateia?
- A pronúncia das palavras foi correta?
- As pausas foram apropriadas?
- A voz não foi monótona, teve colorido?
- Usou ênfase e repetições didáticas nos assuntos importantes?
- A aparência física foi apropriada?
- Usou bem o microfone (se houve)?
- Adotou postura conveniente?
- Percorreu com o olhar toda a assistência?
- Os gestos foram soltos e espontâneos?
- Maneirismos de gestos ou fala foram poucos e passaram desapercebidos?

NOTAS: A - SIM;   B - NEM TANTO;   C - NÃO

(ótimo)   (ainda pode melhorar)   (modifique, melhore isto)

(Anote outros itens que julgue interessantes para a avaliação).

ESCREVA AQUI:

1 - Seus maneirismos verbais (expressão que repete por hábito)

2 - Seus maneirismos de postura (gestos viciosos, tiques nervosos, etc.).

3 - Seus equívocos doutrinários (se houver).

4 - Comentários gerais de acréscimo.

XXV

PROVIDÊNCIAS NECESSÁRIAS PARA O APERFEIÇOAMENTO DOS EXPOSITORES

Recordamos hoje que o primeiro passo para a concretização da unificação espírita deu-se com o Pacto Áureo do qual participamos no seu início, em reuniões e debates. Outras diretrizes conciliatórias aconteceram entre os núcleos espíritas de nosso país. Atualmente, nasceu a ideia dos Conselhos Espíritas de Unificação – CEU no nosso Estado: o CEERJ – Conselho Espírita do Estado do Rio de Janeiro. Essa unificação tem caráter geral, isto é, acontece em todo o território nacional. Isto certamente irá contribuir de maneira favorável para que se formem "Cursos de Aperfeiçoamento" para expositores, como os já realizados em Goiás e outros estados, a fim de atender a melhoria da Exposição Espírita no meio das instituições. Urge fazê-los, aproveitando elementos com experiência nas áreas artísticas, técnicas e educacionais.

Fomos informados, através do *Reformador*, de setembro de 2005, da realização do Curso Internacional de Capacitação dos Trabalhadores Espíritas (20 a 24 de julho de 2005) na FEB, em Brasília com representação de confrades de vários países. Muito nos surpreendeu que os assuntos tenham ficado nas áreas de Capacitação Administrativa, do ESDE, de Educação Mediúnica e da Evangelização Infanto--Juvenil. Precisamos incentivar o aparecimento de cursos para aperfeiçoamento dos expositores. Muitos estudiosos do assunto foram, por nós, consultados, ao elaborarmos este despretensioso trabalho. Parabenizamos a todos, pois o assunto merece uma tomada de posição mais objetiva, com vistas à melhoria da qualidade da divulgação doutrinária através da Exposição Espírita.

INFORMAÇÕES SOBRE A AUTORA

Therezinha Rebello de Mendonça Radetic nasceu no Rio de Janeiro a 14 de janeiro de 1928. Seus pais foram Durval Rebello de Mendonça e Aristotelina Madruga de Mendonça, já falecidos. Desde 1 ano e meio de idade, por motivos de doença de sua genitora, foi educada pela família Reis — Vicente e Luisa — que lhe deram muito afeto e instrução. Seu pai, pelo coração, era professor emérito e poeta de grande sensibilidade. Sua mãe também era professora e senhora de um grande coração.

Desde criança apresentou tendências artísticas, tanto para a poesia como para a música, compondo a sua primeira trova aos 6 anos de idade, logo após sua alfabetização.

Fez o curso Clássico no Colégio Rabello, completando seus estudos no Colégio Vera Cruz, conceituados estabelecimentos de ensino da época.

Seu primeiro soneto foi escrito aos 14 anos, merecendo crítica elogiosa do, então, eminente Prof. Horácio Mendes.

Aos 16 anos, iniciou seus estudos de música formando-se em 1957 pela então Escola Nacional de

Música da Universidade do Brasil, hoje Universidade Federal do Rio de Janeiro, como professora de canto.

Em 1960, consorciou-se com Ermelindo Antonio Radetic, que se tornou uma das grandes expressões da Endodontia Nacional.

Mais tarde, formou-se em Pedagogia e especializou-se em Educação pela UERJ; Fonoaudiologia pela Faculdade Estácio de Sá e mais adiante, pela mesma Faculdade tornou-se Especialista em Voz.

Aos 19 anos, numa busca filosófica, pois as desigualdades sociais desde cedo eram por ela questionadas, tornou-se espírita participando, em 1948, do I Congresso de Mocidades Espíritas do Brasil. Frequentou, de início, o Centro Espírita Júlio César, onde fundou juntamente com Leopoldo Machado, Carlos Torres Pastorino, Lauro Pastor de Almeida e Clóvis Ramos, a Mocidade Pestalozzi.

Tornou-se, desde 1948, correspondente do médium Chico Xavier, de quem recebeu importante mensagem ditada por Emmanuel referindo-se ao seu trabalho de arte na Seara Espírita. Da pena de Chico transcrevemos o seguinte:

COMUNICAÇÃO ESPÍRITA

Esta mensagem foi enviada pelo Chico a Therezinha em 1948.

Fez parte da Secretaria de Assuntos Lítero-Artísticos da FEB, colaborando na época em Brasil Espírita com artigos acerca de Arte (1952).

Foi funcionária da LASA (Levantamentos Aerofotogramétricos), tendo sido uma das primeiras mulheres a atuarem na aerofotogrametria no Brasil. Ingressou no Conselho Nacional de Geografia onde trabalhou durante 10 anos. Depois, tornou-se professora do Estado, no Supletivo, por concurso de provas e títulos, tendo trabalhado nas Classes Especiais do Sistema Penitenciário, onde colaborou junto aos espíritas no trabalho de Evangelização.

Adiante, foi professora de Educação Musical da Prefeitura, por concurso de provas e títulos.

Realizou inúmeros festivais em benefício de Casas Espíritas, inclusive a favor da Organização Educacional Espírita, dirigida pelo saudoso Cel. Rolemberg. Mais adiante, filiou-se ao Deduc (Departamento de Educação) da antiga USEERJ, trabalhando junto ao eminente Prof. Lydienio Menezes, fiel trabalhador da Causa Espírita.

Atualmente é membro do Centro Espírita Ibirajara, onde milita há mais de 40 anos.

Conferencista, cantora, declamadora, pertence a várias entidades culturais. É poetisa com vários livros publicados além de livros técnicos, de biografias etc.

Tem uma filha — Maria Luisa — dedicada ao ensino do Yoga e que dirige o Núcleo Cultural Satyānanda.

Foi fundadora e preside a ADARTE (Associação Difusora de Arte) que já realizou inúmeros recitais beneficentes e artísticos, visando incentivar a cultura nacional.

Suas obras publicadas são:

Exercícios de Psicorrítmica (música)

O bem-me-quer do meu sonho (poesias)

Catedrais (poesias)

Eno Teodoro Wanke – vida e obra

Trovas do meu cismar (trovas)

Cinco formas de amar (sonetos)

Falando de arte à luz do Espiritismo

Memórias de um pássaro preto (infanto-juvenil)

No prelo:

Do sonho mediúnico à realidade poética

Do Egito a Kardec.

BIBLIOGRAFIA

AMORIM, Deolindo e outros. Um inquérito Original. Jornal Vanguarda, 1944.

AUTORES DIVERSOS – Centros e Dirigentes Espíritas. Ed. USE, 1994.

BEHLAU, Mara; PONTES, Paulo. Higiene Vocal. Rio de Janeiro: Revinter, 1999.

BRANDI, Edmée. Educação da Voz Falada (1 e 2).

BOONE, Daniel. Sua voz está traindo você? Porto Alegre: Artes Médicas, 1996.

CARNEGIE, Dale. Como falar em público. São Paulo: Record, 2004.

DELANNO, Cris. Mais que nunca é preciso cantar. 2 ed. V. 1, 2000.

F.E.B. Subsídios para a organização de um Curso de Expositores da Doutrina Espírita, 1998.

FRANCO, Divaldo Pereira. Espelho D'Alma, por Ignotus. Salvador: Editora Alvorada, 1980.

_____. Divaldo Pereira. Diálogo com dirigentes e trabalhadores espíritas. São Paulo: Editora USE, 1995.

GONÇALVES, Neyde. A Importância de Falar Bem. São Paulo: Lovise, 2000.

JANNIBALI, Emilia d'Annibali. A Musicalização na Escola. Poligráfica Editora, 1977.

MARTINS, Celso. Manual do Expositor e do

Dirigente Espírita. 1ª ed. Capivari-SP: Editora EME, 1998.

NUNES, Lilia. Cartilhas de Teatro. V. II, Manual de voz e Dicção.

OLIVEIRA, Therezinha. Oratória a Serviço do Expositor. Capivari-SP: Editora EME, 1995/1996.

POLITO, R. A influência da emoção do orador no processo da conquista dos ouvintes. São Paulo: Editora Saraiva, 2001.

_____. Como falar corretamente e sem inibições. São Paulo: Editora Saraiva, 2002.

_____. Superdicas para falar bem. São Paulo: Editora Saraiva, 2006.

QUINTEIRO, Eudosia. Estética da Voz. São Paulo: Summus, 1989.

RADETIC, Therezinha. Apostila Seminário da Voz Falada e Cantada. Academia de Música Lorenzo Fernandez, outubro, 1999.

_____. Falando de Arte à Luz do Espiritismo. Rio de Janeiro: F. V. Lorenzo, 1999.

SILVA, José Rubens Braga de. Expositores Espíritas. Capivari-SP: Editora EME, 2001.

SIGNATES, Luiz. Caridade do Verbo – Métodos e Técnicas da Expressão Doutrinária Espírita. FE. Goiás, Goiânia, 1991.

SOARES, Ednaldo. Fundamentos de Lógica. São Paulo: Atlas, 2003.

TEIXEIRA, Raul J. Correnteza de Luz. Espírito Camilo. Niterói: Editora Frates, 1991.

VILELA, Daniel Carvalho. Enfoques Doutrinários.

Lar Fabiano de Cristo, Rio de Janeiro, 2005.

XAVIER, Francisco Cândido. Antologia dos Imortais. Espíritos diversos. Brasília: FEB, 1990.

XAVIER, Francisco Cândido. Antologia da Espiritualidade. Maria Dolores. Rio de Janeiro: FEB, 1976.

XAVIER, Francisco Cândido. O Parnaso de Além Túmulo (Poesias Mediúnicas). Prof. Manuel Quintão. 9 ed. Rio de Janeiro: FEB, 1972.

XAVIER, Francisco Cândido. Vinha de Luz, Bênção de Paz, Encontro Marcado. Emmanuel.

_____.Leis de Amor. Emmanuel. São Paulo: FEESP, 1981.

_____.O Consolador. Emmanuel 9 ed. FEB, 1992.

CONHEÇA TAMBÉM

Curso de Expositores Espíritas
- Rubens Braga
- 13x18 cm, 168p.

Um livro necessário e oportuno para dirigentes, oradores e iniciantes que desejam desenvolver o conhecimento, a técnica e a organização de uma exposição espírita. Prático e ilustrado.

Diário de um Doutrinador
- Luiz Conzaga Pinheiro
- 14x21 cm, 212p.

É obra que enfoca, através de relatos sintéticos e de fácil assimilação, a realidade de uma reunião de desobsessão. São narrados fatos reais, onde a necessidade de conhecimento doutrinário, da aquisição da disciplina moral e mental são indispensáveis. Recomenda-se como livro obrigatório para médiuns, dirigentes e doutrinadores em centros espíritas.

Não encontrando os livros da EME na livraria de sua preferência, solicite o endereço de nosso distribuidor mais próximo de você através do Fone/Fax: (19) 3491-7000 / 3491-5449. E-mail: vendas@editoraeme.com.br – Site:www.editoraeme.com.br